suhrkamp taschenbuch 4715

Unterwegs ist Cees Nooteboom sein ganzes Leben lang. Sein Zuhause ist die Welt. Hellwach und phantasievoll sammelt er Begegnungen, Städte und Landschaften und »verzaubert, was immer er berührt« (Arno Widmann). Das Brevier, das Rüdiger Safranski aus den Romanen, Erzählungen, Gedichten und Reiseessays seines langjährigen Freundes zusammengestellt hat, liegt nun zum Buchmesseschwerpunkt Niederlande und Flandern in einer erweiterten Fassung vor, die bis in seine neuesten Publikationen reicht.

Entstanden ist ein Lesebuch für Nooteboom-Fans und -Novizen, ein Brevier zum Suchen und Finden, Kennenlernen und Wiederentdecken. Es zeichnet das faszinierende Porträt eines lebensklugen Nomaden zwischen den Zeiten und Welten, neugierig wie eh und je, denn »man muss gelebt haben und darf damit noch nicht aufhören«.

Cees Nooteboom, 1933 in Den Haag geboren, lebt als freier Schriftsteller in Amsterdam und auf Menorca. Sein Werk wurde mit zahlreichen Preisen ausgezeichnet, zuletzt mit dem VPRO Bob den Uyl Prijs 2011, dem Literaturpreis der Konrad-Adenauer-Stiftung 2010 und dem Prijs der Nederlandse Letteren 2009.

»Ich hatte ja tausend Leben«

Ein Brevier

Herausgegeben von
Rüdiger Safranski

Suhrkamp

Erste Auflage 2016
suhrkamp taschenbuch 4715
Originalausgabe

Suhrkamp Taschenbuch Verlag
Quellen- und Übersetzerverzeichnis am Ende des Bandes.

Umschlagfoto: Johan van der Keuken
Umschlaggestaltung: hißmann, heilmann, hamburg
Satz: Satz-Offizin Hümmer GmbH, Waldbüttelbrunn
Druck und Bindung: CPI – Ebner & Spiegel, Ulm
Printed in Germany
ISBN 978-3-518-46715-2

»Ich hatte ja tausend Leben«

Inhalt

Vorbemerkung

Nicht nur der Poet und Schriftsteller, aber er ganz besonders, beweist, daß in einem Leben Platz ist für mehrere Biographien. Man macht Erfahrungen und erfindet dann Geschichten, die dazu passen. Es sind die Poeten, die von diesem Recht auf mehrere Leben besonders intensiven Gebrauch machen. »Seelenwanderung«, schreibt Nooteboom, »findet nicht nach, sondern während des Lebens statt.«

Nootebooms Seelenwanderung als Autor beginnt mit seinem ersten Roman *Philip und die anderen* (1955). Hier träumt er sich mit Sehnsucht und Wehmut in eine andere Wirklichkeit hinein – auf den Spuren der alten Romantik. »Ich träume, daß ich träume«, lautet das von Paul Éluard übernommene Motto. Erzählt wird, wie Philip durch Europa trampt, seltsamen Menschen begegnet, auf der Suche nach einem Mädchen mit chinesischem Gesicht, das er nie gesehen hat und nur aus Erzählungen kennt. Er wird es am Ende finden, um es zu verlieren. »Das Paradies liegt nebenan.« Ein noch unbekümmertes Bekenntnis zur poetischen Magie. Ironie, die auch zur Romantik gehört, kommt bei Nooteboom später. Erst mußte er, als passionierter Reisender, mehr von der Welt gesehen haben, bevor er den Zauber der Poesie relativieren konnte, ohne ihn preiszugeben.

Ironie hält die Spannung zwischen Wirklichkeit und Phantasie aus. Sie liefert sich weder der Phantasie noch dem ausgenüchterten Realitätssinn aus, sie treibt mit beiden Sichtweisen ihr relativierendes Spiel. Romantische Ironie lernt man ganz gut auf Reisen, weil man dort erfahren kann, daß die Wirklichkeit bisweilen phantastischer ist als jede Phantasie.

Wer reist, entdeckt nicht nur eine neue Umgebung, sondern lernt sich selbst neu kennen. Man wird ein anderer. Das wollte der junge Nooteboom. Mit seinem ersten Roman war er jemand. Ein Schriftsteller. Er läuft, so erzählt er, in Amsterdam als »Dandy ohne Geld« herum, mit Samtjacke, buntem Schal und Spazierstöckchen. Bald macht er sich aus dem Staub, in gewissem Sinne folgt er der Spur seines Romanhelden. Wegen eines Mädchens aus Surinam heuert er als Leichtmatrose an und schippert in die Karibik, schreibt Gedichte, Reportagen, kurze Erzählungen. Aber jenes erste poetisch-leichte Buch lastet schwer auf ihm. Als ob es ihn unter den Zwang setzt zu schreiben, bloß weil man einmal damit angefangen hat. Und so schreibt Nooteboom 1963 einen zweiten Roman, um sich von seinem ersten zu befreien: *Der Ritter ist gestorben*. Der Ekel vor der Literatur ist sein Thema. Einen »Abschied von der Literatur« nennt Nooteboom diesen Roman, »ich dachte, jetzt ist alles gesagt, es geht nichts mehr«.

Was nicht mehr ging, war das Schreiben eines Romans, siebzehn Jahre lang. Doch veröffentlicht er Gedichte und poetische Reisebücher – diesem Genre verleiht er neuen Glanz.

Mit seinem zeitweiligen Abschied vom Roman hatte er einen Abstand geschaffen, den er benötigte, um mit neuer Leichtigkeit, Weisheit und eben Ironie zum Roman zurückkehren zu können. 1980 erschien *Rituale*. Zwischen diesem Roman und dem frühen Geniestreich gibt es einen Bruch, aber auch Kontinuität. Um Verzauberung geht es in beiden Romanen. *Philip und die anderen* verzaubert, in *Rituale* wird aus ironischer Distanz dargestellt, wie sich andere verzaubern lassen. Mit dem Protagonisten trudelt man durch die Amsterdamer Szene der siebziger Jahre, beobachtet die Rituale, in die sich die Leute einschließen, um ihrem Leben Sinn und Bedeutung zu geben. Das Buch ist gewiß nicht mehr schwärmerisch, doch die lebensbestimmende Macht der Einbildungskraft und Phantasie ist auch hier das große Thema. Die Einbildungskraft kann verführen, aber sie hilft auch gegen die Verödung. »Für mich«, schreibt Nooteboom, »gibt es nur eine Macht, die bewirkt, daß es sich zwischen unseren beiden unendlichen Abwesenheiten hier auf Erden aushalten läßt, und das ist die Macht der Phantasie.«

In seiner Erzählung *Das Lied von Schein und Sein* (1981) formuliert Nooteboom eine Frage, die unterirdisch bei jedem ernsthaften Poeten rumort: »Warum soll man eine erdachte Wirklichkeit noch neben die bestehende Wirklichkeit stellen?«

Wenn wir genug damit zu tun haben, uns in der Wirklichkeit zurechtzufinden, warum die Lage dadurch komplizieren, daß man sich noch zusätzlich mit Fiktionen herumschlägt? Aber, so Nooteboom, lassen sich Fiktion und Wirklichkeit überhaupt so säuberlich trennen? Wir können die Wirklichkeit niemals unmittelbar erleben. Immer schieben sich Bilder dazwischen, solche, die von außen auf uns eindringen, und andere, die unsere Einbildungskraft hervorbringt. Wir leben in einem Kokon aus Bildern, und es kommt sehr darauf an, von welcher Art sie sind: Sind sie reich, so wird auch unsere Wirklichkeit reich sein, sind sie arm, so leben wir in einer Wüste. Das Verhältnis von Fiktion und Wirklichkeit ist also komplizierter, als man denkt. Wenn sich Fiktion und Wirklichkeit nur schwer unterscheiden lassen, hat die Poesie eine Chance. Sie kann wieder als etwas gelten, an dem nicht gerüttelt werden kann, ohne die sogenannte Wirklichkeit zum Einsturz zu bringen. Wie sollten wirkliche Personen »einander die Probleme ihres kurzen vergänglichen Lebens begreiflich machen, wenn sie nicht über die Schlüsselworte verfügten, die die erdachten Personen ihnen in Gestalt ihrer Namen immerfort darboten«?

Wir deuten unser Leben im Horizont der Schicksale von erfundenen Personen, Ödipus, Antigone, Hamlet, Don Juan, Josef K., Faust, Werther, Stiller. Auch sind es zumeist nicht die wirklichen Dinge und Personen, die uns berühren, sondern die Meinungen über sie und die Bilder, die wir uns von ihnen machen. Damit aber geraten wir schon wieder in die Welt von Erfindungen, ins Fiktive. Auch in der Politik dominieren, wie wir wissen, die Erfindungen. Gesellschaften leben von Mythen, von großen Erzählungen, die ihnen das Gefühl von Identität geben. Und in welcher Welt leben eigentlich die, welche von früh bis spät vor dem Bildschirm sitzen? Die Poesie, die alte Erfindungsmacht, hat inzwischen eine überwältigende Konkurrenz bekommen.

Nootebooms Cervantes-Essay (in: *Der Umweg nach Santiago*, 1992) wirkt wie ein Bericht aus der heroischen Epoche der Poesie, als diese noch unbestritten die Königin war in dem Reich der Erfindungen. Nooteboom erzählt witzig davon, wie er den Spuren des Cervantes folgen möchte und doch stets auf die Spuren des Don Quijote, der Dulcinea und des Sancho Pansa geleitet wird, so als hätten sie, nicht aber Cervantes wirklich gelebt. Don Quijote, dessen Bildnis man überall sieht, hat Cervantes in den Schatten gestellt, und das Haus der Dulcinea mit der liebevoll konservierten Einrichtung läßt sich noch heute besichtigen. »Für einen, dessen Leben das Schreiben ist, ein denkwürdiger Augenblick. Das echte Haus von jemandem zu betreten, den es nie gegeben hat, ist keine Kleinigkeit.«

Die Geschichte vom Don Quijote erzählt vom Triumph der Einbildungskraft über die Wirklichkeit und provoziert die Frage, von der sich Nooteboom leiten läßt: Wie wirklich ist die Wirklichkeit? Manches ist weniger wirklich, als es scheint, anderes ist wirklich, obwohl es nur scheint. Lese- und Lebenserfahrungen verbinden sich. Wer Fiktionen nutzt wie Nooteboom, bewohnt wirkliche und imaginäre Orte, ist Zeitgenosse von Gegenwart und Vergangenheit und spürt die Zukunft, die in jedem Augenblick beginnt. So ist Nooteboom zum neugierigen Wanderer zwischen den Welten geworden, den vergangenen und gegenwärtigen, den gefundenen und erfundenen. Als Reisender, der sich stets auf einiges gefaßt macht, ist er zur Stelle, wenn die Wirklichkeit eine überraschende Wendung nimmt, die man ihr nicht zugetraut hätte, Budapest 1956, Paris 1968, Berlin 1989. Er beobachtet genau, weil er staunen kann. Das hat er als Poet gelernt, der mit dem Gewöhnlichen und Gewohnten nicht zufrieden ist und sich von Ideologien nicht blenden läßt. Er sucht in der Geschichte die Geschichten. Er meidet Abstraktionen, schätzt Ideen, aber sie müssen ein Gesicht haben, einen Ort. Er schätzt sie ganz besonders, wenn sie, wie im Berlin-Roman *Allerseelen* (1998), in den Katakomben der Kneipen gesprächsweise bei Wein und Würsten auftauchen, zirkulieren, sich vervielfältigen, verknoten und verschwinden. Manchmal läßt er sich auch von ihnen forttragen. Dann gehen Denken und Phantasieren ineinander über. Davon erzählen seine Romane, diese poetischen Laboratorien für Experimente mit belebenden Gedanken. Das geschieht aber auch in seinen Gedichten. Bei Nooteboom merkt man, daß auch Gedanken sich der Einbildungskraft verdanken, und solange sie diesen Ursprung nicht verleugnen, bleiben sie lebendig. »Dies ist das älteste Gespräch auf Erden. / Die Rhetorik des Wassers / zerspellt auf dem Dogma aus Stein.«

Diese Auswahl präsentiert Nooteboom als Romantiker mit und ohne Ironie, als philosophierenden Poeten, als politisch wachen Zeitzeugen, als Liebhaber von Orten, als Reisenden und als Schriftsteller, der den Zusammenhang zwischen den wirklichen und den imaginären Reisen nicht nur bedenkt, sondern lebt.

Auf Nootebooms Spuren kommt man jedenfalls weit herum.

Rüdiger Safranski

»Ich hatte ja tausend Leben,
und ich nahm mir nur eins!«

Geistesblitze

Seelenwanderung findet nicht nach, sondern während des Lebens statt. GW 1, 363

Geschichte ist eigentlich ein ebenso seltsames Element wie Raum oder Zeit. Wir befinden uns immer darin. Ich weiß nicht einmal, ob es ein Teil der Zeit ist, auch wenn Geschichte ohne Menschen nicht denkbar ist und Zeit schon.

GW 4, 233

Schriftsteller befinden sich nicht in ihren Standbildern, sondern in ihren Büchern. GW 4, 218

Bücher wollen etwas von Menschen, das wollen sie immer, auch wenn sie geschlossen sind. BP, 39

Es gibt Formen von Schrift, die nicht als solche gedacht sind. Man findet diese unbeabsichtigten Briefe an Stränden, im Asphalt einer Stadt, im abgesägten Stück eines Baumstamms, im Gestein. Mitteilungen in Geheimschrift, Botschaften, Kodes. Schriftzeichen, Graffiti, von niemandem geschrieben. BP, 43

Älterwerden ist eine Form des Sterbens. (…) Was das mit Altwerden als Form des Sterbens zu tun hat? Daß es einmal ein mythisches erstes Mal gegeben hat, daß man Paris vor sich liegen sah, und daß man sich, fünfundzwanzig Jahre später, nicht mehr vorstellen kann, wie es aussah. Dieses Bild ist fort, für immer verschwunden, überwuchert von späteren, stets anderen Bildern, und mit diesem Verschwinden ist auch derjenige verschwunden, der es gesehen hat, also ich.

GW 5, 84

Die Zahl der Leben in einem älteren Körper ist unerträglich. GW 1, 345

Ihr seid zwar sterblich, doch die Tatsache, daß ihr mit diesem einen winzigen Hirn über die Ewigkeit nachdenken könnt oder über die Vergangenheit und daß ihr dadurch, mit dem begrenzten Raum und der begrenzten Zeit, die euch gegeben ist, so unermeßlich viel Raum und Zeit einnehmen könnt, darin besteht das Rätsel. GW 3, 304

Gott ist gemacht nach dem Bild und dem Gleichnis des Menschen, nach einer gewissen Zeit kommt doch jeder dahinter, außer denen, die niemals hinter etwas kommen.

GW 2, 412

Würde man mich fragen, was am schwersten ist, so würde ich sagen, der Abschied vom Maß. Wir kommen nicht ohne aus. Das Leben ist uns zu leer, zu offen, wir haben alles mögliche ersonnen, um uns daran festzuhalten, Namen, Zeiten, Maße, Anekdoten. GW 3, 217

Wenn er allein ist, wird die Menge ein Rätsel, zwischen den anderen kennt er sich selbst nicht mehr. Wer sind sie? Kennt er seine Maske? GW 1, 340

Wir können uns nie soviel Zukunft vorstellen, wie wir an Vergangenheit haben. GW 3, 337

Die Zeit heilt alle Wunden, und die Erinnerung kratzt sie wieder auf. Aber die Zeit existiert nicht, es sei denn, um zu verschwinden, und die Erinnerung schiebt ihren Fuß in die Tür. GW 5, 87f.

Das Vergessen ist der abwesende Bruder des Gedächtnisses, ein uneigentliches Paar, das mit großer Willkür über das regiert, was, wie der Mensch glaubt, sein Eigentum ist. Erinnerung ist schließlich etwas, was man selbst gesammelt und gespeichert hat, und sobald man das verliert, ist es, als sei einem etwas gestohlen worden. BP, 112

Erinnerung an Lust ist die schwächste, die es gibt, sobald diese Lust nur noch aus Gedanken besteht, verkehrt sie sich in ihr eigenes Gegenteil: Sie wird abwesend, und damit undenkbar. GW 3, 206

Zeit ist nur eine Interpretation. Es *gibt* viel davon, wir *haben* nicht viel davon. Die Interpretation setzt bei dem Maß ein, in dem man das als Problem empfindet. GW 5, 134

Das Merkwürdige am Unsinn der Geschichte ist, daß es für alles eine Erklärung gibt. GW 6, 202

Eines der Dinge, die wir nicht verstehen können, ist, wie schlecht ihr in euer eigenes Dasein paßt, ohne daß ihr darüber nachdenkt. Und daß ihr euch so wenig klarmacht, über welch unendliche Möglichkeiten ihr verfügt. GW 3, 304

Die Erinnerung ist wie ein Hund, der sich hinlegt, wo er will. GW 2, 363

Aber stimmte es denn, daß er sich nie im Jetzt heimisch fühlte? Das wäre romantisch und ein bißchen infantil. Es war eher ein Sich-nicht-wohl-Fühlen unter den Menschen, die sich ausschließlich im Jetzt heimisch fühlten, davon alles erwarteten. Wenn man sich nicht gleichzeitig von ihm loslösen konnte, wie paradox das auch klingen mag, war es nicht erfahrbar. GW 5, 418

Von allen Formen der Liebe ist die zwischen Unbekannten die rätselhafteste, und die überzeugendste. GW 1, 351

Wer einmal die Gestalt eines Verliebten angenommen hat, ißt und trinkt alles, Teller voll Disteln, Fässer voll Essig. GW 3, 207

Der Traum, den ein Mann träumt, der in der Wüste lebt, ist ein Traum von Oasen, Schutz, Blumen, Farben, Genuß, rauschendem Wasser. Und so ist es – nach dem Stein versteht man die Rose, nach der Rose erträgt man den Stein.

GW 6, 102

»Ist Denken denn unnatürlich?«
»Hab ich nicht gesagt. Aber in dem Moment, in dem du über die Natur nachdenkst, entfernst du dich von ihr. Die Natur kann nicht über sich nachdenken. Du schon.«
»Aber dann könntest du auch sagen, daß die Natur mich benutzt, um über sich selbst nachzudenken …« GW 3, 341

Menschen sind leere Flaschen, man kann alles in sie hineinschütten. Die gleiche Bauweise, die gleiche Leber, die gleiche Pumpe, Autos mit einer Meinung. Warum haben Autos und Kühlschränke eigentlich kein Wahlrecht? Oder, falls jemand dies für ein Sakrileg hält, warum sind Menschen Kopfjäger, Katholiken, Feueranbeter, Stalinisten oder Ballettänzer? Um die Möglichkeiten des menschlichen Computers auszuprobieren, die Elastizität der Reihen zu dehnen, oder steckt doch ein System in diesem Wahnsinn?

GW 5, 118

Leben, wenn irgend jemand mir sagen könnte, was das eigentlich soll? Ich weiß schon lange nicht mehr, was Menschen sind, aber die letzten tausend Jahre waren auf jeden Fall ein gewaltiger Striptease für die Gattung. Aus dem Sonnensystem herauskatapultiert, die Erde in einen Hinterhof der Milchstraße verbannt, Gehirnfunktionen so ungebührlich angewachsen, daß wir alles über das wissen, was wir nicht wissen, Gott und seine Handlanger gestorben, und wir Lakaien mit auslöschbaren Namen im Dienste unsichtbarer Teilchen, damit beschäftigt, unser einziges Erbe zu verschleudern oder zu zerstören, während wir gleichzeitig in den Spiegel schauen. Das klingt natürlich nach der Abteilung Bombast, also räume ich gern den Platz für eine gefälligere Theorie. Aber wie dem auch sei, ich habe meinen Frieden damit. Zumindest vorläufig. NF, 58

Wir sind die größten Helden der Geschichte, wir müßten bei unserem Tod alle dekoriert werden. Keine Generation hat je so viel wissen, sehen, hören müssen, Leid ohne Katharsis, Scheiße, die man in den neuen Tag hineinschleppt. GW 3, 445 f.

Vielleicht ist das ja die Hölle: daß all diese Tausende und Abertausende von Formularen, auf die man im Laufe seines Lebens seinen Namen geschrieben hat, an einem festgebunden werden, so daß man mit einem kilometerlangen gelochten, vervielfältigten, gedruckten, vollgeschriebenen Schwanz hinter sich durch das Reich des Satans geht wie der Dorftrottel aus dem Jahrhundert des Formulars. GW 6, 205

Wir sind unsere Geheimnisse, und wenn es mit rechten Dingen zugeht, nehmen wir sie dorthin mit, wo niemand ihnen nahekommt. NF, 83

Was sind eigentlich Namen? Ein Name benennt ein Ding oder ein Wesen, ohne daß dieses sein Name auch ist. Wir tragen unsere Namen, sind sie aber nicht. Wir verlassen unsere Körper und nehmen die Namen nicht mit, sie bleiben zurück als leere Hülsen oder als Worte auf einem Grabstein. Oder umgekehrt, unser Körper stirbt, und das, was unserer

Ansicht nach wir waren, hält es ohne Körper nicht aus und verschwindet in der gleichen Abwesenheit wie vor unserer Geburt. BP, 53

Wann hat jemand existiert? (...) Die meisten Menschen haben existiert, weil sie gelebt haben. Das heißt, sie haben für sich selbst und für ihr Umfeld existiert, doch wenn sie nicht mehr da sind oder wenn das Umfeld gestorben ist, bleibt für gewöhnlich keine Erinnerung an sie. Wie schlimm das ist, sei dahingestellt. Es hat Milliarden von Menschen gegeben, Priester in der griechischen Antike, Gefangene bei den Azteken, Beamte bei den Ägyptern, Jäger im fünfzehnten Jahrhundert in Österreich, Mönche in den spanischen Kolonien, Opfer bei Erdbeben, Soldaten im Burenkrieg, deren Existenz als *Gattung* wir zur Kenntnis genommen haben, in der Regel aber nicht als Person. Ist das schlimm? Ändert das etwas an der Gültigkeit ihres Lebens? War es ein weniger echtes Leben, weil wir nichts davon wissen, weil wir ihre Namen nicht kennen und nicht den Ort, an dem sie begraben sind? BP, 122

Einen Körper bekommt man erst dann, wenn man ihn erzürnt, was auf verschiedenerlei Weise möglich ist. Man kann ein Auto damit anheben, man kann zuviel Alkohol in ihn kippen, man kann ihn zuwenig schlafen lassen, ihn unter Druck setzen, hetzen, vernachlässigen, doch was immer man tut oder nicht tut, früher oder später präsentiert er einem die Rechnung, und dann hat man auf einmal einen Kopf, einen Magen, einen Rücken. GW 9, 538

Ich lebe mit meinem physischen Körper im Raum (einem Teil des Raums), denke nach über einen *geschehenen* Augenblick in der Zeit und spreche darüber in Sprache. Raum, Zeit und Sprache, wahrscheinlich sind sie untereinander nicht austauschbar, obwohl es manchmal den Anschein hat. Ohneeinander sind sie nicht denkbar, und das meine ich ganz wörtlich. GW 5, 126

Technik sagt mir nicht viel, das ist eine stetige Erweiterung des Körpers mit unvorhersehbaren Konsequenzen, man findet wahrscheinlich erst dann etwas daran, wenn man selbst schon stellenweise aus Aluminium und Plastik besteht und nicht mehr unbedingt an den freien Willen glaubt.

GW 3, 174

Die Menschen staunen über Roboter, aber nie über sich selbst. GW 3, 266

Reisen ist Flüchtigkeit, und das liebe ich, jeder Abschied ist eine natürliche Vorbereitung, man soll sich nicht binden, so ist es nicht vom Schicksal bestimmt. GW 4, 452

Das Zentrum der Welt ist überall gleichzeitig, aber der Ort, an dem man sich vorübergehend aufhält, wird es ausschließlich. GW 3, 139

Sobald ich irgendwo ankomme, packt mich eine wahre Gefräßigkeit – ich muß wissen, wie alles zusammenhängt, ich muß das »System« der Stadt kennenlernen, ich muß losziehen, riechen, schauen, in Bussen und Straßenbahnen sitzen, die Stadt erobern. GW 6, 95

Unglücklicherweise bin ich so beschaffen, daß ich immer hinter den nächsten Hügel gucken will und noch immer nicht gelernt habe, daß dahinter wieder ein Hügel liegt. Was erwarte ich denn eigentlich (und schon so lange)?

GW 6, 327

Menschen dürfen schön sein, nur wenn es absolut nichts mehr an ihnen zu bemängeln gibt, wenn man, sieht man sie zufällig auf der Straße vorübergehen, eher betroffen stehenbleiben möchte, dann wird vollendete Schönheit ein Maßstab für die eigene Unvollkommenheit, und das empfindet niemand als angenehm. GW 3, 18

Keiner weiß es, und doch ist es so, ein Mann, der allein ist, sogar einer in meinem Alter, fängt zu spielen an, wenn er sich unbeobachtet fühlt und ihm die Stille zu groß wird.

GW 3, 24

Was machen Menschen, um sich inmitten all der Gewalt in dieser Stadt zu behaupten? Kleine Spielchen. Dinge, die kaum von Bedeutung sind, bei denen keine Worte fallen, Dinge, die sich wieder verflüchtigen werden, die aber kurzfristig, ein paar Tage lang, ein wenig Struktur in den Tag oder die Nacht gebracht haben, die dem Dasein ein bißchen Halt gibt. GW 8, 414

Ein Merkmal der Unschuld ist, daß das Fremde noch fremd ist. GW 5, 74

Schwieriges Vaterland, schwieriges Nachbarland. Ein Land, das für sich selbst nicht leicht ist, lastet schwer auf den Nachbarn. GW 5, 336

Große Kunst wird in einem fort neu geschaffen, weil stets von neuem Menschen geschaffen werden, die sie betrachten. GW 8, 406

Lyrik ist überall und in allem, aber sie läßt sich nicht erzwingen. Ein Gedicht zu schreiben ist erst Arbeit, nachdem es, auf welche Weise auch immer, angeklopft hat. GW 8, 201

Ich gehe nun einmal davon aus, daß auch das geringste unter den irdischen Dingen das große Ganze widerspiegelt, daß die Struktur des Daseins sich ebensogut in einer Seite mit lokalen Todesanzeigen manifestiert wie in den Bemühungen mancher Philosophen, ein Fangnetz über die sogenannte Wirklichkeit zu spannen. GW 4, 338

Es ist etwas Geheimnisvolles, daß Landschaften, die schließlich nichts dafür können, daß es dich gibt, die jedenfalls nichts damit zu tun haben und die es sicherlich nicht kümmert, dennoch etwas von dem ausdrücken, was du empfindest, denn wenn das nicht so wäre, würdest du nichts von dem *empfinden*, was du siehst. GW 5, 130

Große Kunst gibt Rätsel auf, und man muß sehen, wie man damit zurechtkommt. GW 4, 183

Man müßte ein Gedicht von vier Zeilen schreiben und dafür ein Leben lang Zeit haben. GW 4, 490

Kitsch ist eine Form von Ironie, die ohne Ironie betrieben wird, ungeachtet ihrer selbst, die Ironie entsteht vielmehr gerade durch den Ernst. GW 5, 161

Einst hatte er geglaubt, man könne mit Worten die Welt schreiben, vom Anfang an. Das Aussprechen von Wörtern würde sie in Dinge verwandeln, ihren Namen gehorchend. Das machte alle Sprachen heilig. Jetzt wußte er nicht mehr, ob das stimmte. Die Dinge, die ihn umgaben, hatten sich immer mehr verschlossen, als wüßten sie, daß sie ihre Namen wieder verlieren würden. GW 1, 371

Unter Wirklichkeit und Vollkommenheit verstehe ich dasselbe, von wem dieser Satz stammte, wußte er ebenfalls. Ob Hegel die Situation, in der er sich befand, gemeint hatte, durfte bezweifelt werden, aber es schien doch zu stimmen. Er verspürte ein merkwürdiges Entzücken, weil die Dinge so waren, wie sie waren, weil man sie mit keinem einzigen Gedanken lösen konnte. Der Tod war etwas Natürliches, ging jedoch mit fast unzulässigen Formen von Kummer einher, die so groß waren, daß man am liebsten in ihnen verschwinden würde, um sich der vollkommenen Wirklichkeit des Rätsels hinzugeben. NF, 9f.

Vielleicht ist dies noch am schwersten zu erklären, dieser unmögliche Augenblick, der dem Hellsehen vorangeht, die eigenartige Leere, in der alles mögliche, und Gott weiß wie lange schon, vorbereitet ist, ein leerer Raum, der sich plötzlich mit Wörtern, Bildern, sich überstürzenden Sätzen füllt.

GW 8, 204

Scholastik

Dies ist das älteste Gespräch auf Erden.
Die Rhetorik des Wassers
zerspellt auf dem Dogma aus Stein.

Doch bei dem unsichtbaren Ende
weiß nur der Dichter, wie's ausgeht.
Er tunkt seine Feder in Fels
und schreibt auf die Tafel
aus Gischt. GW 1, 203

Bilder

Persepolis Berührungen mit der Hand, Schauen aus der Ferne: Zeit, die Stein geworden ist. Zuletzt ging ich zu manchen Figuren, wie man in Amsterdam zu festen Zeiten in die Kneipe geht. Blumen und Disteln blühen wie in einem griechischen Frühling. Und die Empfindung mit zurücknehmen, die anderen vielleicht vom Wintersport bleibt: daß man in etwas ganz Lichtem und Klarem gewesen ist.

Meine Empfänglichkeit für Dinge, die mit dem Begriff »Zeit« zu tun haben, erhält den letzten Schlag, als ich vor den Königsgräbern in Naghsch-e-Rostam stehe, vier Kilometer von Persepolis entfernt. Im obersten Teil des Bergs Kuh-e-Hosayn sind die Gräber von Darius I., II. und Xerxes I. sowie Artaxerxes herausgehauen. Die Gräber selbst sind kreuzförmig, in der Mitte eine von Säulen flankierte Tür mit Stierprotomen als Kapitellen.

Darüber stützen die unterworfenen Völker den Thron, auf dem der König sitzt, genau unter Ahura Masda, der über alldem mit weit ausgebreiteten Flügeln totenstill schwebt. Unter diesen älteren Gräbern, nahezu in Augenhöhe, liegen acht aus einer anderen Dynastie, der der Sassaniden (224-641 nach Christus). Die zweite Gräberreihe wurde also rund sechshundert Jahre nach der ersten aus dem Fels gehauen. Die Gestalten darauf sind üppiger, runder, auch etwas geschmeidiger als die Figuren, die räumlich über und zeitlich vor ihnen liegen. Aber, o Schreck, im zweiten Relief (Bahram II. im Kreise seiner Familie) steht noch eine Figur. Sie stammt aus einem viel älteren Grab, aus dem dritten Jahrtausend, ein Fremder, den man nicht weggehauen hat, eine Erscheinung aus einer Zeit, die für die Sassaniden genauso lange zurücklag wie die der Achämeniden für mich, ein damals dreitausend und heute fünftausend Jahre alter Fremdling. Er ist so flach wie ein Bild, ein völlig quergestellter Mann aus der Zeit, bevor Arme sich beugen konnten, wie ein Schemen, ein eiserner Spuk steht er zwischen den plötzlich fast frivolen Wesen, die eher in meine Zeit gehören. Je länger ich ihn ansehe, desto weniger verstehe ich ihn.

GW 6, 116f.

Welch eigenartiges Schicksal haben doch Gemälde berühmter Maler! Sie beginnen als auf Holz genagelte Leinwand, werden dann so mit Farbe bedeckt, daß sie einen Gedanken oder ein Gefühl oder, besser noch, die Vorstellung eines Gedankens oder eines Gefühls eines Malers ausdrücken, und von diesem Augenblick an sind sie sowohl reine Materie als auch etwas, das sich, ebensowenig wie ein Traum, jemals präzise beschreiben, errechnen oder festlegen läßt.

GW 8, 521

Pieter Bruegel So hat der Maler der Landschaft, vor der ich jetzt stehe, es gewollt, denke ich, daß es die Landschaft der Bauern ist, bei der es keine Rolle mehr spielt, welches Jahrhundert man schreibt, in der gesät und geerntet wird, in der die Geschlechter namenloser Bauern wie die Jahreszeiten aufeinanderfolgen, aber gleichzeitig auch die historische Landschaft jenes einen Tages der Volkszählung, an dem die Frau, die die Mutter Gottes werden wird, in einem wahnsinnigen Zeitparadox, von niemandem erkannt, auf ihrem Esel vorbeireitet, fast schon ein Teil der Menge, die in der Dorfkirche in der Ferne getauft und begraben wird, in der man den Sohn, den sie erst noch gebären muß, anbetet. Jeder Kunstkenner wird mir jetzt erklären, daß Bruegel, wie so viele Renaissancemaler, einfach die tägliche Kulisse seiner eigenen Umgebung nahm und so Bethlehem das Aussehen eines beliebigen flämischen Dorfes gab, doch das macht für mich das Paradoxon und damit das Geheimnisvolle nicht geringer, die Landschaft, die ich in Wirklichkeit vor mir sehe, vermischt sich mit den Landschaften der Gemälde, es sind dieselben Hügel, es ist derselbe Schnee, und den Rest will ich nicht sehen. Ich fahre über kleine Landstraßen, vorbei an lichten, gezeichneten Wäldern. In Sint-Anna-Pede erkenne ich die kleine Kirche aus dem Bild mit den Jägern, sie liegt still und allein auf einer leichten Anhöhe, ich wate dorthin durch den Schnee, drinnen ist es schauerlich kalt, die Verstorbenen dieses Jahres haben Namen aus meiner Sprache, Peeters, Raspoet, Schoovaarts, van Eeckhout (...). In der Mitte der kleinen Kirche liegt ein adliger Gillis begraben, seinen weiteren Namen kann ich wegen der gemeißelten Geheimschrift nicht richtig lesen, drei Jagdhörner sind in seinem Wappen, vielleicht wäre er überrascht, daß die Dorfkneipe nach Bruegel benannt wurde, aber das Bier, das man dort trinkt, hätte er wiedererkannt, denn dies ist die Gegend des *geuze*, des *kriek* und des *kriekenlambiek*. »Geuze ist schon einmal getrunkenes Bier«, sagte Baudelaire, der Belgien überhaupt nicht mochte, aber wer die Bauern auf Bruegels Bildern hat tanzen sehen, weiß, daß diese Freude und fast wütende Hingabe mit dem mittelalterlichen kupferfarbenen oder kirschroten Bier zusammenhängen muß, das in dieser Gegend bereits seit Jahrhunderten auf die gleiche Weise aus Gerste und Weizen gebraut wird. (...) Einige kleine, nach alter Handwerkskunst brauende Brauereien bewahren dieses Bier noch in großen verkorkten Flaschen: Es muß das gleiche Bier sein, das auf der »Bauernhochzeit« aus den großen Steinkrügen fließt wie ein goldener Strom, ein Fluß, der direkt aus dem Mittelalter auf uns zuströmt. GW 8, 429f.

Pieter Snayers Im Prado, in einem der oberen Säle des neuen Anbaus, ein Gemälde von Pieter Snayers. Es sind keine anderen Besucher zugegen, dadurch wirkt die Stille, die auf diesem Gemälde herrscht, noch viel stärker. Draußen sind es fast vierzig Grad, doch in dem Gemälde hat es geschneit, ich spüre den Schnee an meinen Füßen. Es ist das Jahr 1641. Wir sind Spanier, unser Krieg mit Frankreich dauert bereits sechs Jahre und wird weitere achtzehn Jahre dauern. Wir stehen auf einem hohen Hügel und schauen auf die Ebene hinunter und auf den Stadtkern und die Außenmauern von Aire-sur-la-Lys. Unser Blick reicht bis zum Horizont, ein tiefgelegener Streifen bläulichen Landes, und darüber das nördliche Licht und die Wolken, wie nur diese fernen Länder sie kennen. Unsere eigene Sprache klingt fremd in dieser Umgebung, in unserer Nähe einige kahle Bäume, ein paar Hunde. Wir sollen den Ort zurückerobern und werden das auch tun. So steht es in den Büchern. Links unter uns die Truppen in jenen unwirklichen Minuten der Stille wie vor jeder Schlacht. Ganz unten der unsichtbare Feind, der auf uns wartet. Derjenige, der uns später betrachtet, entrückt uns, ohne unsere Namen nennen zu können, für einen Augenblick dem Tod, doch unsere Gedanken jenes Tages behalten wir für uns. Was er sieht, ist Geschichte oder Kunst oder beides. Aber er weiß nichts von dem Atem, der an jenem Morgen aus unseren Mündern drang, nichts von dem Geschrei der Krähen, von den Hufen der Pferde auf dem gefrorenen Boden. BP, 14

Jan Vermeer Fast alles, was sich über Kunst sagen läßt, ist willkürlich: Es gibt Tage, da liebt man nur Dosso Dossi, und Augenblicke im heidnischen Winter, in denen man die Venus von Botticelli in den Uffizien ohne japanische Besucher betrachten kann; manchmal ist die metaphysische Not so groß, daß man es, ohne jene totenstillen Zitronen von Zurbarán im Prado gesehen zu haben, nicht aushalten kann. Neben all diesem Glanz gibt es also keinen Grund, Vermeer so vorzuziehen, und dennoch tue ich es. Warum? Weil ich seine Frauen liebe. Warum? Weil das Mädchen mit dem roten Hut in Washington ihren Mund, über den sie vor einer Sekunde noch mit der Zungenspitze gefahren ist, fast nicht – aber doch etwas – geöffnet hat (ich sehe einen Schimmer ihrer Elfenbeinzähne hinter diesen feuchten Lippen, sehe vielleicht sogar ein leuchtendes Speichelbläschen auf diesen Zähnen), was in mir das Gefühl weckt, sie wolle mir möglicherweise gleich etwas sagen und ich sei in diesem Raum in Amerika der einzige, der sie versteht, diese Landsmännin, die meine Sprache gesprochen hat, die ich fast berühren kann, die mich mit ihrem so holländischen Blick aus dem weichen Schatten unter dem purpurroten wilden Hut hervor ansieht, der ihre Stille noch stiller macht, eine Stille, in der man eine Uhr in einem holländischen Interieur ticken, sie alle grausamen Sekunden zählen hört, die mich von ihr trennen, eine astronomische, in drei Jahrhunderten festgenagelte Zeit, die ich nicht aussprechen kann.

Stille, Rätselhaftigkeit, Intimität – Vermeer-Bilder wollen im Grunde gar kein Museum um sich haben, dafür sind sie viel zu stark, sie wollen das den anderen Gemälden nicht antun.

GW 8, 400ff.

Peter Paul Rubens   Berlin, 30. Dezember 1936. Ein langer, magerer, noch junger Mann betrachtet intensiv ein Gemälde von Peter Paul Rubens im Kaiser Friedrich-Museum. Eigentlich mag er Rubens nicht, doch dieses Bild hat seinen Blick auf sich gezogen. Er notiert, es stelle Neptun und Amphitrite dar, »mit fabelhaften Tieren – Krokodil, Löwe, Tiger, Rhinozeros etc.«. Das Gemälde ist während des Krieges, der in diesen Tagen bereits drohend in der Berliner Luft hängt, als Beute verschwunden, geblieben ist nur eine Reproduktion in Schwarzweiß. Der junge Mann durchforscht das Bild mit seinem Blick. Der Gott sitzt, das rechte Bein locker über das linke geschlagen, mit einem Fuß im Wasser. Um das Krokodil ganz in der Nähe dieses Fußes kümmert er sich nicht, genausowenig um den Löwen und den Tiger, die einander aus gefährlich aufgerissenen Rachen angrollen, oder um die wollüstig über das Krokodil drapierte nackte Wassernymphe mit ihrem fülligen flämischen Leib. Der Gott ist verliebt. Ihm fließt ein langer weißer Bart über die Brust, wohin er schaut, ist unverkennbar, der Blick selbst ist melancholisch und voller Verlangen. Seine linke Schulter berührt fast die rechte Brust der Göttin, die ihn nicht ansieht. Es ist eine wunderliche Gesellschaft. Im Hintergrund umklammert ein Mann einen anderen, der das Wasser aus dem Gehäuse eines riesigen Nautilus leert, die Göttin hat eine Hand locker auf eine Große Riesenmuschel gelegt, in der ein kleineres, perlmuttfarbenes Nautilusgehäuse neben einer *Cypraea* und einigen weiteren Muscheln liegt, Attributen des Meeresgottes. Sie erfreut sich an etwas, von dem wir nichts wissen, mit leicht geöffnetem Mund und gleichfalls geöffneten Augen, doch ohne etwas zu sehen. Der oberste Teil des göttlichen Dreizacks muß sich irgendwo außerhalb des Gemäldes befinden, Rubens wußte, jeder Betrachter würde das Fehlende mit dem inneren Blick ergänzen. Das wußte auch der junge Mann, der später aus dem Immer-mehr-Weglassen das wesentlichste Element seiner Kunst machen sollte, sein letztes Buch zählt nur noch zehn Seiten und beschreibt sein Ende, während er es erlebt.

Er ist bereits seit Wochen in Berlin. Er ißt sparsam und

schläft in einfachen Pensionen, ein Mann, allein auf einer Mission. Seine Briefe aus jener Zeit zeigen, daß er die deutsche Sprache perfekt beherrscht. Nazizeitungen kann er lesen, die Hakenkreuzfahnen gehören zum Stadtbild. Er sieht alles und verwahrt es in seinem Gedächtnis. Kilometerweit läuft er durch die bitterkalte Stadt, nach einer eisern befolgten Methode arbeitet er Museum für Museum ab und schreibt jeden Tag seine Beobachtungen nieder, kurze Beschreibungen und Bewertungen. Sein Lieblingsmaler ist Adriaen Brouwer, eine trübselige Landschaft, drei Männer, verloren in einem Ballspiel, ein paar Häuser in der Dämmerung, an einem düsteren Himmel ein wilder Lichtfleck. In späteren Kommentaren wird es heißen, in seinen Bühnenbildern seien Caravaggios Tenebrismus und Rembrandts Helldunkel wiedergekehrt. Fast vierzig Jahre später wird er in ebendieser Stadt bei seinem Stück *Warten auf Godot* Regie führen. Das Gemälde mit dem Meeresgott wird er dann nicht mehr wiedersehen. BP, 51f.

Caspar David Friedrich Genauso ein Idiot wie ich, dachte er, als er vor dem Bild *Mönch am Meer* stand. Was tat der da in dieser gottverlassenen Landschaft? Büßen, jammern in Einsamkeit? Diese dünnen weißen Striche auf dem aufgewühlten düstergrünen Wasser, waren das Möwen? Schaumköpfe? Lichtreflexe? Der Mann hatte eine merkwürdige Krümmung in seinem Körper, er wollte dort offenbar ebensowenig sein wie der Mann, der ihn über einen Abgrund von zweihundert Jahren hinweg ansah. Was dachte einer, der so ein Bild malte? Der Dünensand war so weiß und fein, daß er wie Schnee wirkte, der Horizont ein gerader Strich, über dem eine Wolkenfront heranrückte, eine Barrikade, die jeden Gedanken an Entrinnen ausschloß. Und die Frau, die er hatte wiedersehen wollen, die in seiner Erinnerung leuchtende Gestalt, wie war sie denn bloß auf diesen Berggipfel gekommen? Das war nun wirklich im wahrsten Sinne des Wortes eine Exaltation. Die feinen Krakelüren hielten sie gefangen, ein Schmetterling in einem Netz. Ob jemand dieses Bild irgendwann einmal zerstören wollte, und sei es auch nur wegen des unerträglichen Mangels an Ironie? Anziehung, Abstoßung, es hatte unwiderruflich etwas mit der deutschen Seele zu tun, was immer das war. Das Schmachten Wilhelm Meisters, Zarathustra, der weinend am Hals eines Kutschpferdes endet, Friedrichs Bilder, Kleists Doppelselbstmord, Kiefers Blei und Strauß' druidische Bocksgesänge, das alles schien miteinander zusammenzuhängen, ein düsteres Gewühle, in dem für Menschen aus einem Land mit Poldern kein Platz war. Worin bestand dann aber die Anziehungskraft? GW 3, 300

Königin Luise von Preussen Er mußte zugeben, irgendwas war mit ihr. Sie hatte nicht nur eine unverkennbar sexuelle Ausstrahlung, sondern es schien auch so, als wolle die Frau aus dem Bild heraus, als ertrage sie den Rahmen nicht. Und diese Schnalle auf ihrer Schulter war natürlich dazu da, sie zu lösen, genauso wie auch diese Schleife mit einer einzigen Bewegung hätte aufgezogen werden können. Die Suggestion, die von dem Bild ausging, besagte, daß die Frau das nicht schlimm fände. Aber vielleicht war das auch nur die Geilheit des Malers, der wußte, daß er sich auf die Geilheit des Betrachters verlassen konnte. Sie ließ einen nicht aus den Augen, das war das Leidige daran.

»Es ist noch nicht mal ein wirklich schönes Bild«, sagte er. (...)

»Ein Lamm für die Schlachtbank«, sagte Victor. »Solche Frauen gibt es nicht mehr. Ich kenne keine Frau, die so schauen kann. Sehr verwirrend. Dieser Blick ist ausgestorben. Sieh mal. Die ganze Welt quengelt wegen irgendeines Salamanders, der auszusterben droht, aber von Attitüden spricht niemand. (...) Kannst du dir vorstellen, wie diese Frau gegangen ist? Nein, das kannst du nicht. Sehr dumme Schauspielerinnen in einem historischen Stück, die versuchen es. Ich habe neulich erst etwas von Kleist gesehen. Kleider können nicht aussterben, die kann man bewahren oder nachmachen, das ist kein Problem. Aber die Bewegung in diesen Kleidern, die ist ausgestorben. Stoff fällt anders, wenn die Bewegung eine andere ist. Diese Frau hätte nie einen Bikini tragen können. Dafür hatte sie nicht den Gang, der war noch nicht erfunden.«

»Aber wer hat ihn denn erfunden?«

»Oh«, sagte Victor, »die Zeit. Oder der Kapitalismus, aber das ist dasselbe. Berufstätige Frau, Arbeitsprozeß, Autos, Jeans. Und kurze Hosen, Frauen wie kleine Jungen, sehr merkwürdig. Rauchen, Herzinfarkte. Dann stirbt das aus, so ein Augenaufschlag. Mußte vielleicht auch sein. Schau noch mal gut hin. Es ist ein hinterhältiges Bild.« Victor beugte sich vor, in unmittelbarer Nähe der vollendet gerundeten rechten Brust. »Frage des Bildhauers: Wo, glaubst du, sitzt die Brustwarze?«

»Da«, sagte er und zeigte auf die Stelle. Umgehend schrillte der Alarm los, ein Wärter in blauer Uniform kam angerannt und schrie etwas in Stakkato-Deutsch, das er nicht verstand.

»Das ist jedenfalls noch nicht ausgestorben«, sagte Victor.

GW 3, 296ff.

Picasso – Späte Radierungen

In dieser Wolke paaren sie sich,
in dieser schwarzen Wolke, ihre Lust
in Kupfer getrieben, scharf und verbissen,
vom Seher hinter dem Vorhang, er will,

er will auch die Frau und den Mann,
die Doppelgestalt, in der er
nach innen dringt und sich aufrollt
wie früher, in diesem Jahrhundert von damals.

In dieser geritzten Umarmung
sucht er ein Meer und ein Bett, schreit
nach verlorenen Gezeiten, nach ewigem
Umgang, mit dem Heimweh dessen,

der sieht. GW 1, 77

In manchen Fotos steckt die philosophische Frage, die sie auslösen, schon drin. Der Fotograf hat dem wahrgenommenen und festgehaltenen Bild eines Moments der Wirklichkeit unterschwellig etwas mitgegeben, was zu Fragen anregt. Ohne daß sich dies beweisen ließe, wird mehr als ein Bild geliefert. Das Foto will mehr als nur gesehen werden. Es will gedacht werden. Jedes gute Foto löst eine Frage nach der Zeit aus, früher oder später wird diese Frage im Dasein eines Fotos unausweichlich, nicht weil auf diesem Foto Zeit verstrichen ist, sondern weil Zeit, mitunter mehr als ein Jahrhundert, verstrichen ist, seit dieses Foto gemacht wurde. Während dieser ganzen Zeit hat sich auf dem Foto selbst nichts verändert, nur außerhalb davon hat sich ein Erdrutsch ereignet. Die Augen, die dieses Foto als erste sahen, existieren nicht mehr, und die Augen, die es jetzt betrachten, schauen anders. Auch auf diese Weise haben Fotos etwas mit dem Verstreichen von Zeit zu tun. Zeit und Fotografie, ein verwirrendes Ehepaar. GW 8, 632 f.

ALTE FOTOGRAFIEN Jeder, der sich gelegentlich auf einem Flohmarkt umsieht oder in einen Trödelladen geht, dessen Besitzer sich zu Recht oder Unrecht als Antiquitätenhändler bezeichnen darf, kennt das: Zwischen den merkwürdigen Servicen, den Keksdosen mit den Bildern untergegangener Fürstenhäuser, den Aschenbechern mit schon lange nicht mehr existierenden Alkoholmarken stößt man plötzlich auf ein Album mit vergilbten Fotos, Porträts von Menschen, die man nicht gekannt hat und auch nie kennen wird. Sie gehen uns also eigentlich nichts an, und trotzdem ist da etwas, das einen daran hindert, das Album wieder zuzuklappen – Voyeurismus, Neugier, Melancholie. Irgendwie ist man in eine magische Welt geraten, in der die normalen Machtverhältnisse keine Gültigkeit haben. Du kannst sie zwar betrachten, sie dich aber nicht, und dennoch tun sie es: Sie schauen dich an, ohne daß sie dich je gesehen haben. Ob du weißt, wer sie waren, spielt dann schon keine Rolle mehr: Der Name, der vielleicht darunter steht, vielleicht aber auch nicht, macht das Mysterium nicht kleiner. An ihrer Kleidung, ihrer Haartracht und an der Fotografiertechnik läßt sich ablesen, vor wie langer Zeit die Fotos entstanden sind. Das kann bedeuten, daß derjenige, der einen da noch so lebendig anschaut, bereits von der Erde verschwunden ist. Ich finde das geheimnisvoll. Ich blicke auf einen Unbekannten, den ich nie habe reden oder lachen hören. Vielleicht würde ich ihm oder ihr etwas sagen wollen, die Intimität, in die es uns plötzlich gemeinsam verschlagen hat, müßte es mir doch zumindest erlauben, eine Frage zu stellen. Das sind alchimistische Augenblicke, die Zeit und das Schicksal haben sich zwischen uns gedrängt: Auf manchen Fotos blicken Leute jemanden an, der noch nicht einmal geboren ist. Wer mich vor siebzig Jahren anschaute, sah nichts. Dieser Blick war ja auch gar nicht für dich bestimmt, sagt jetzt die Stimme der Vernunft, sie oder er schaute nicht dich an, sondern ein Lebewesen, das vor ihnen stand, einen x-beliebigen Fotografen, einen Bruder, Vater, Passanten. Aber das ist es ja gerade, warum sehen sie dann *mich* an? (...) Einen Moment lang scheint es, als hielte der Betrachter wie ein Schriftsteller die Fäden dieser Leben in seiner Hand, bei jedem Foto weiß er, was sie nicht wissen, weil er auch das spätere Foto von ihnen gesehen hat, er ist, wie auch immer, eine Form ihrer Zukunft. (...) Warum ist der Moment des Fotografiertwerdens so eigenartig? Man muß stillstehen, warten, jemand bemüht sich, einen so gut wie möglich »draufzubekommen«, doch was geschieht da eigentlich genau? Etwas wird angehalten, aber bist du das, oder ist es die Zeit? Die Zeit läßt sich nicht anhalten, und dennoch geschieht es, das ist das nächste Paradox. Das Licht hat einen aufgezeichnet, man hat gelacht, stillgestanden, in die Kamera gesehen, die fließende Zeit, in der man sich sonst bewegt, ist rings um einen erstarrt und hat einen eingepackt wie in einen durchsichtigen Kokon: Nie mehr kannst du anders schauen als damals, in jenem einen erstarrten Moment, du kannst keinen Schritt mehr tun, das Kleid von 1923, 1936 nicht mehr ausziehen, du bist aufgespießt wie ein Schmetterling, der Finger des Fotografen hat eine Nadel in dich gebohrt, dies warst du mal, damals und dort, das wolltest du doch bewahren? Deine Gedanken von damals sind unsichtbar geworden, auch für dich selbst, sie sind verlorengegangen in der amorphen

Zeit, die uns stets umgibt, nur das Bild ist bewahrt geblieben. Das Foto ist der Fetisch, der die Zeit zurückbringen soll, doch der Gewinn ist der Verlust: Im Tausch für die Erinnerung an ein früheres Selbst bekommst du die Gewißheit des endgültig Vergangenen, des niemals wiederkehrenden Augenblicks, während du ihn ja gerade hattest festhalten wollen. GW 8, 625 ff.

Ich glaube nicht an Geister, aber dafür an Fotos. Eine Frau will, daß man an sie denkt, und sorgt dafür, daß man ein Foto von ihr findet. Wenn sie nur genug vernachlässigt werden, sind Tote dazu imstande. Vielleicht sollte ich das anders ausdrücken: Wenn sie der Meinung sind, daß man sie zu sehr vernachlässigt hat, sind sie dazu imstande. NF, 106

Es kam durch die Arbeit mit Kameras, dachte er, daß man sich ständig selbst gehen sah. Nicht als Form von Eitelkeit, eher so etwas wie Staunen, gemischt mit, na ja … Auch darüber hatte er einmal mit ihr gesprochen.

»Warum sagst du's nicht einfach?«

»Weil ich es nicht weiß.«

»Quatsch. Du weißt es ganz genau. Wenn ich es weiß, dann weißt du es auch. Du kannst es bloß nicht sagen.«

»Welches Wort kommt dann?«

»Angst. Bestürzung.«

Er entschied sich für Bestürzung.

Jetzt nahm die Kamera mit *einem* langen Schwenk die verschneite Knesebeckstraße auf, die grauen, so mächtigen Berliner Häuser, die wenigen Passanten, die gebeugt in die Flokken hineinliefen. Und er war einer von ihnen. Darum ging es, die absolute Zufälligkeit dieses Augenblicks. Der eine, der da geht, ganz in der Nähe der Buchhandlung Schoeller, an der Fotogalerie vorbei, das bist du. Warum war das immer normal und manchmal, plötzlich, eine bestürzende Sekunde lang, nicht auszuhalten? Daran mußte man doch gewöhnt sein? Außer, man war eine Art ewig pubertierender Teenager.

»Damit hat es nichts zu tun. Manche Menschen stellen sich nie eine Frage. Aber aus dieser Bestürzung heraus entsteht alles.«

»Zum Beispiel was?«

»Kunst, Religion, Philosophie.« GW 3, 265f.

ALTE FILME Wie kommt es, daß ich mich, wenn ich über Filme nachdenke, sofort ins Reich der Erinnerungen verliere? Geometrisch stimmt da nichts, niemand will den vorgeschriebenen Abstand wahren, die wirklich großen Momente liefern sich meist nicht aus, sondern bleiben im Schatten dessen, was ohnehin schon ein Schattenreich ist. Was sich einstellt, sind die vergeßbaren Momente. Nicht die geniale Kameraeinstellung ist bewahrt geblieben (wie bei echten Filmliebhabern), sondern unsägliche Trivialitäten, nicht das phantastische Zoom, die lange Kamerafahrt, die gnadenlose Großaufnahme, über die man in Filmakademien noch hundert Jahre lang debattieren wird, sondern ein äußerst unlogisches Panoptikum, bestehend aus Kitschmomenten, tränenüberströmten Gesichtern längst vergessener Schauspieler, Millionen von Cowboys und kleinen Pariser Verbrechern, brennenden Kippen in Aschenbechern mit dem Aufdruck nicht mehr existierender Alkoholmarken, Busen in den barocken Maßen kindlicher Lust, Dorfpfarrern, römischen Kaisern mit Pappkronen, Sklaven, Indianern und anderen Minderheiten, die würdig zu sterben verstehen, dem Tod in all seinen manieristischen Gestalten, und viel, viel Alkohol. Wo sind bloß all die Stunden, die ich in jenen dunklen, eigenartigen Räumen verbracht habe? Muß ich irgendwann, irgendwo Rechenschaft darüber ablegen? Zwischen den anderen Schemen ringsum sitzend, von denen nur noch die Konturen geblieben sind, Spukgestalten und Geistern zuschauend, Menschen, die ihr wirkliches Leben gegen ein Scheindasein eingetauscht haben und so tun, als seien sie jemand anderes. Denn was sieht man eigentlich, wenn man James Dean, Charles Laughton, Vivien Leigh, Fernandel, Giulietta Masina, Ava Gardner sieht? Spukgestalten. Menschen, die irgendwann einmal tatsächlich gelebt haben und bis auf den heutigen Tag jedesmal, wenn sie den Befehl dazu erhalten, dieselben vorgeschriebenen Bewegungen ausführen müssen, denselben Mord begehen, denselben Mund küssen. Nie können sie auch nur die leiseste Variation anbringen, dieses eine Wort *nicht* sagen oder auch nur anders dabei lachen, sie sind für alle Zeiten verurteilt. Ihre Hölle heißt Kino, und kein Orpheus holt sie aus ihr je heraus. GW 8, 675f.

Dereinst werden wir »das Volk« in Meisterwerken sein, die wir uns heute nicht in unseren kühnsten Träumen ausmalen können – schließlich hatten auch der Cid, Napoleon, Nero, Kolumbus samt Fußvolk, Untertanen und Schiffsbesatzung keine Ahnung von der Verzerrung, die ihnen per Technicolor einmal angetan würde. Das ist natürlich keine angenehme Aussicht. Mit Schaudern denkt man an den vierstündigen Kassenschlager, in dem Hitler als interessante Figur in Farbe herumirren oder der Gregory Peck jener Zeit Himmlers Bäckervisage darstellen wird. Wer jedoch gedacht hat, bis nach seinem Tod auf solchen Schwachsinn warten zu müssen, irrt sich ebenfalls. Offensichtlich ist es auch möglich, zeitgenössische Abscheulichkeiten auf eine Art und Weise zu verzerren, daß der Gestank fast senkrecht in den Kinos steht. GW 7, 230f.

Ingmar Bergman, Wilde Erdbeeren Vor etwa einem Monat saß ich, spät und dumm, nach einer Lesung in einer fremden Stadt in einem morbiden Hotelzimmer und sah mir das an, was sich angeblich alle meine Zeitgenossen zu dieser Uhrzeit ansehen. Ich zappte mich durch die Kanäle, ranzige Gewalt, widerliche Drohung, Litaneien von Banalitäten, die Provinz von König Dummbart. Und plötzlich, zwischen all dem Unsinn, die Szene, die ich sofort wiedererkannte und die mich auf die gleiche Weise bewegte wie damals, 1957 oder 1958, als ich sie das erste Mal sah. Der alte Mann (Victor Sjöström) ist plötzlich von der Straße abgebogen, er und die junge Frau (Ingrid Thulin), die seine Schwiegertochter ist, sind aus dem (inzwischen so antiken) großen schwarzen Auto gestiegen. Sie befinden sich auf dem Weg in die Universitätsstadt, wo der alte Mann einen Ehrendoktorhut in Empfang nehmen soll. Unterwegs erleben sie allerlei Abenteuer, heitere und traurige, aber nun kommt der Moment, um den es geht. Sie will schwimmen, er begibt sich zu einer Stelle, wo wilde Erdbeeren in der Nähe eines alten, verschlossenen Hauses wachsen. Dort hockt er sich unter einen Apfelbaum, und fast im selben Moment geschieht es, er *schaut* in seine Vergangenheit, die Fensterläden des Hauses sind plötzlich geöffnet, fröhliche Stimmen sind zu hören, er sieht seine erste Liebe, seine Cousine Sara (Bibi Andersson), er spricht mit ihr, sie aber kann ihn, siebzig Jahre früher, nicht sehen, nicht hören, sie befindet sich an einem anderen Ort in der Zeit, unberührbar in der Vergangenheit eingeschlossen, er ist in sein so viel späteres Leben verbannt, kann nur schauen, und die Begier, mit der er das tut, mit der er sich noch ein einziges Mal in seine eigene, unwiderruflich verronnene Vergangenheit begeben würde, und die Tragik, daß dies nicht möglich ist, das alles steht Victor Sjöström ins Gesicht geschrieben, eine unglaublich schöne letzte Rolle. Nur ein einziges Mal zuvor habe ich eine derartige Intensität gesehen, bei den letzten, grausamen Radierungen von Picasso, die er mit über neunzig Jahren geschaffen hat, immer derselbe alte Mann, der, hinter Vorhängen verborgen, heimlich einem sich liebenden Paar im Bett zuschaut, eine andere Begier, die gleiche Spannung. Schwarzweiß sind die Radierungen, wie der Film. In meiner Erinnerung war diese Szene farbig – irgendeine Instanz in mir (ein schlechter Künstler) hat sie sentimental nachgefärbt. Bergman wußte es besser. Die Zweizeitigkeit, mit der jede Erinnerung operiert, sichtbar zu machen gehört zu den größten Kunststücken, die ihm gelungen sind. Und auch die Worte in diesem so sinnlichen Schwedisch, das die Sehnsucht und die Gnadenlosigkeit des Augenblicks unterstreicht, sind unvergeßlich: »Sara ... ich bin's, dein Cousin Isak ... ich bin natürlich ein bißchen alt geworden, ich sehe nicht mehr so aus wie früher. Aber du hast dich überhaupt nicht verändert. Kleine Cousine, kannst du mich nicht hören?« Nein, das bildhübsche blonde Kind im weißen Baumwollkleid kann den hinfälligen alten Mann im schwarzen Mantel unter dem Apfelbaum nicht hören. Wir können es, einen glückseligen und tragischen Augenblick lang. Die Zeit aufheben, das Privileg von Meistern. GW 8, 679ff.

Alter Ego I Er haßte seine Bilder aus dieser Zeit. Nicht so sehr die, auf denen er zusammen mit anderen zu sehen war – da sahen alle gleich lächerlich aus –, nein, gerade diejenigen, wo die Aufmerksamkeit von dem, der er einmal gewesen war, durch nichts abgelenkt werden konnte, weil er dort nämlich allein drauf war, in Pose, verkrampft, Standbilder nachahmend und zugleich Halt suchend an einem Baum, an einem Zaun, überhaupt an jedem Gegenstand, der binnen kurzem einen Teil des Bildes einnehmen würde, so daß er es nicht ganz allein ausfüllen mußte. Denn was war auf solch einer Aufnahme schon zu sehen? Einer, der so mager war, daß er für wehrdienstuntauglich erklärt wurde, und der, was noch schlimmer war, nicht den Mut hatte, sich an einem Badestrand auszuziehen, einer, den vier höhere Schulen davongejagt hatten und der sich mit seinem Vormund verkrachte, so daß die Beihilfe, die ihm seine Großmutter so edelmütig zugestand, gestrichen wurde, einer, der sich in den unsinnigsten Verliebtheiten verstrickte und seine Tage in einem Büro zubrachte, um in seiner Pension die Zimmermiete bezahlen zu können, ein Mensch mit verschwindend geringer Selbständigkeit. GW 2, 389

Alter Ego II Ein Fotograf, dachte er, und er erinnerte sich, daß er ihr zum erstenmal auf einer Fotoausstellung begegnet war, wo sie vor ihrem eigenen Foto stand. Er hatte das Foto gesehen, bevor er sie wahrnahm, und er wußte nicht, wer wen verleugnete, die Frau auf dem Foto die Frau, die dort stand, oder umgekehrt. Manche Fotos – wie das berühmte von Virginia Woolf an ihrem zwanzigsten Geburtstag, auf dem sie zur Seite sieht – sind so vollendet, daß das lebende Wesen, das darauf abgebildet ist, sich wie ein Phantasiegebilde ausnimmt, wie etwas, was geschaffen wurde, um fotografiert zu werden. Er begriff sofort: Wenn er die Frau auf dem Foto kennenlernen wollte, mußte er die Frau ansprechen, die davor stand. Und das tat er. GW 2, 374

Alter Ego III Das Foto war damals von einem Unbekannten gemacht worden, der sich ein Stück von ihnen entfernt, mit dem Rücken zur Lagune, an den Rand des Kais gestellt hatte. Ein Winkel von dreißig Grad, so daß der Dogenpalast in der Ferne noch drauf war. Er betrachtete das Foto und wunderte sich wie immer über das Trügerische daran. Nicht nur, daß ein Foto eine Tote abbilden konnte, es konnte einem auch eine ungültig gewordene Version der eigenen Person auftischen, einen nicht mehr erkennbaren Langhaarigen, der einst so perfekt ins damalige Bild gepaßt hatte, das diesem Foto das schal gewordene Aroma einer endgültig vergangenen Zeit gab. Daß man noch immer denselben Körper hatte, war das eigentliche Wunder. Aber natürlich war es nicht derselbe Körper. Sein Besitzer hatte noch immer denselben Namen, das war alles. NF, 8f.

Das erste Foto von Gott

So sah ich aus nach jenem ersten Tag.
Ich allein mit meinen Steinen aus Stein,
ich allein mit meinen Lüften aus Luft.

Das war der Tag, an dem ich noch glücklich war,
die Erde noch öde und leer.
Erst nachher schuf ich die Bäume,
die Tiere, das Heer und diesen Fotografen.

Oft habe ich Sehnsucht nach jenem Tag,
an dem ich ihn machte, als ersten.
Er und ich, zusammen in meiner Schöpfung,
ich in meiner weinroten Jacke zwischen meinen Lüften
aus Luft,

er mit seinem Auge wie ein Spiegel
auf meinen Steinen aus Stein,

und sonst nichts.

GW I, 98

Porträts, Charaktere

MIGUEL DE CERVANTES Der literarische Pilger, der den Spuren des Ritters und seines Knappen folgt, braucht nie zu suchen. Am Eingang jedes Ortes, der an der *Ruta de Don Quijote* liegt, haben hilfreiche Seelen ein metallenes Bild der beiden Helden an einer Hauswand befestigt, immer das gleiche, so daß es sich nicht mehr aus den Gedanken löschen läßt, ausgeschnitten wie eine schwarzeiserne Daguerreotypie sieht man die beiden den Weg entlangziehen, den man selbst auch zurücklegt, die hohe abgerissene Rittergestalt mit der Lanze und der Dickwanst auf dem niedrigen Esel unter ihm. Aber auch in den Orten selbst haben Bildhauer sich ausgelebt, von Ciudad Real bis hin zu El Toboso. Manchmal stehen auch Zeilen aus dem BUCH an den Straßenekken, bis man sich zuletzt nicht mehr sicher ist, ob man in einem Buch reist oder in der wirklichen Welt. Denn was soll man sagen, wenn man das Haus Dulcineas besucht? Es steht in El Toboso, und es ist still in El Toboso, so eine Stille, in der die Phantasie zu schwirren beginnt. In der Ortsmitte die Kirche von Santiago, die in Don Quijotes Einbildung das Schloß seiner Angebeteten war. Ich folge den geschriebenen Worten auf den Hauswänden, und nach der letzten Aufschrift, »en una callejuela sin salida ...«, in einer Sackgasse ..., stoße ich dann auch auf Dulcineas Haus. Man kann es anfassen, man darf sogar hinein. Für einen, dessen Leben das Schreiben ist, ein denkwürdiger Augenblick. Das echte Haus von jemandem zu betreten, den es nie gegeben hat, ist keine Kleinigkeit. Milan Kundera hat *Don Quijote* den ersten richtigen Roman genannt, und wenn eines der Hauptmerkmale des Romans der Sieg der Phantasie über die Wirklichkeit ist, mit allen dazugehörigen subversiven Möglichkeiten, der Beklemmung dieser sogenannten Wirklichkeit zu entrinnen, dann hat das Genie Cervantes für alle Zeiten die Macht dieser Phantasie aufgezeigt, und sei es auch nur, weil er mich jetzt, fast vierhundert Jahre später, auf das Haus, den Kamin, das Bett, die Küchengeräte einer Person starren läßt, die nur ausgedacht war. Die Erregung, die für mich dazugehört, habe ich erst einmal zuvor verspürt, und zwar beim Balkon Romeos und Julias in Verona, zwischen hundert filmenden Japanern.

Ich blicke auf den Garten, den Hof, den Olivenbaum, die Weinpresse und lausche dem Geplapper der nonnenähnlichen Führerin, die das Rätsel aufdecken will und erklärt, wer eigentlich das Modell für Dulcinea gewesen ist. Aber ich will das gar nicht hören, ich will nicht, daß die Phantasiefigur mit irgendeiner mutmaßlichen historischen Wirklichkeit befleckt wird, ich will jetzt, und zwar sofort, zu diesem anderen Ort, keine fünfzig Kilometer von hier, an dem Dulcinea ersonnen wurde, Argamasilla de Alba, und auch hier ist mir egal, ob es wahr ist oder nicht. Aber zuerst muß ich noch ins Rathaus, wo ein eifriger Bürgermeister eine Sammlung von Quijotes (und damit meine ich jetzt die aus Papier, die Bücher) zusammengetragen hat. Das Gräßliche an Meisterwerken ist, daß sie jedermann gehören, auch den Menschen, die man haßt oder verachtet. Das gilt für Hamlet, und das gilt auch für den Don. Ein alter Mann führt uns durch eine Klasse staunender Schulkinder in einen kleinen Saal, in dem die Bücher aufgeschlagen liegen. Wer hat Don Quijote *nicht* gelesen? Alle haben sie ihr Exemplar geschickt, mit Widmung, als seien sie selbst der Autor gewesen, Mitterrand, Prinz Bernhard der Niederlande, Margaret Thatcher, Adolf Hitler, Hindenburg, Mussolini, König Juan Carlos von Spanien, Alec Guinness, Juan Perón, Ronald Reagan, eine Ansammlung von Heiligen und Schurken, unter denen nur Stalin fehlt, weil das Buch mit seiner Widmung verschwunden ist.

GW 4, 223f.

Marcel Proust

Hier hatte jemand im Kopf eine riesige, noch nicht erbaute Kathedrale konstruiert, hatte, als noch nichts dastand, den Schlußstein bereits gesetzt, der letzte Satz des Buches, das er schreiben würde, würde von einem Buch handeln, das er erst noch schreiben mußte, ein Buch, in dem er von dem so begrenzten Platz sprechen würde, den Menschen im Raum einnehmen, verglichen mit dem so unendlich größeren, der für sie in der Zeit ausgespart ist, »da sie ja gleichzeitig wie in den Jahren wesende Riesen an so weit auseinanderliegende, von ihnen durchlebte Epochen rühren, zwischen die unendlich viele Tage geschoben sind«.

Im nachhinein denke ich, daß die Quintessenz meiner Lektüre das Gefühl gewesen sein muß, dieses Buch sei nur für mich geschrieben, weil einem die Illusion vermittelt wird, man dürfe ein unsichtbarer Zuschauer sein, nicht nur bei den mondänen Festen des Großbürgertums, sondern auch beim vulgären Snobismus einer Welt, an die sich niemand mehr erinnern wollte, hätte die beobachtende Hauptfigur sie nicht beschrieben. Das Raffinement ist um so größer, als der Autor die Figuren sich auch gegenseitig beobachten läßt, und zwar mit allen möglichen Fehlschlüssen und prismatischen Verzerrungen. So hat man an einer Maskerade teil und zugleich an einer Demaskierung, man wird zum Voyeur und, mit der gleichen pejorativen Nebenbedeutung, zum »Auditeur«. Das Belauschen, versehentliche Mithören, das widerwärtige, vernichtende Getuschel hinter dem Rücken anderer spielt eine große Rolle. Zum Schluß weiß man mehr, als gut für uns ist, dann breitet sich dieses gigantische Tableau aus Helden und Schurken, Heiligen und Perversen, Antisemiten und Frömmlern in all ihrer Nacktheit und Glorie vor einem aus. GW 8, 267ff.

Marcel Proust hat mit den psychologischen Mitteln der Moderne einen Mythos erschaffen und dadurch den Gegensatz zwischen Mythischem und Psychologischem aufgehoben. Die Erkenntnis oder, besser gesagt, die Offenbarung, daß das möglich ist, macht ihn für mich zum größten Schriftsteller dieses viel zu langen Jahrhunderts. GW 8, 270

Jorge Luis Borges

A una moneda

Rio de la Plata, der Sturm schlägt
das Wasser. Du, der Du noch sehen kannst,
schreibst die verschwindende Stadt in den Namen
ihrer Buchstaben, die Mündung,
den Ozean. Winterreise des Dichters.

Doch was treibt dich?
Welche deiner vielen Seelen
nimmt die Münze aus deiner Tasche
und wirft sie vom höchsten Deck,
ein Lichtblitz
in das Schwarze der Wellen?

Oder warst Du es doch wieder nicht selbst,
sondern der andere, der auch Borges hieß,
der Spiegelgänger aus dem geträumten
Gedicht?

Zweimal, sagst du, hast du der Geschichte
des Planeten etwas hinzugefügt,
zwei unaufhörliche Reihen, parallel,
und wer weiß unendlich,
deine Existenz, und die deiner armseligen Münze,
die jetzt in tiefster Finsternis
die Zauberreihe beginnt
des Vergehens,
und das nicht weiß.

Du aber doch, daher bist du neidisch
und glücklich. Deine geheime Lust war
Einsicht in was uns bedingt. Wiederkehr,
Unendlichkeit, Fantasien zum Spielen.

So warfst du dein Werk
in die Zeit,
Worte, einmal begonnen als Nichts,
als Gedanke, als Satz, als Gedicht,
Skriptur, verwandelt in Bücher
aus Marmor, und dann, wandernd
und sinkend, von tausend ungeborenen Augen
berührt, wieder zurück zu Worten ohne Dichter,
und darüber hinaus,
Inschrift in Stein, allmählich unlesbar,
Gelispel von Fragmenten,
das Rätselecho
einer Vorzeit,

bis die eine, letzte
Erlösung,

Abwesenheit
geglückt.

GW 1, 41 f.

Jan Jacob Slauerhoff Auf meinem Tisch liegen seine gesammelten Gedichte und daneben die italienische Ausgabe von *Schuim en As*, und ich merke, daß ich mir immer noch etwas von meiner früheren Leidenschaft bewahrt habe, denn ich versuche mir vorzustellen, was er dazu sagen würde, daß seine Bücher in der Universitätsbibliothek von Los Angeles stehen oder daß er sechzig Jahre nach seinem Tod in italienischer Sprache erscheint. *Schiuma e Cenere*, und ja, natürlich erkenne ich es (…). Schaum und Asche, ewiges Umherirren, das in immer weitere Fernen zurückweichende, unerreichbare Ziel, Ozeane, Wüste, Ortsnamen, die den Gedanken an Abenteuer heraufbeschwören, Nomadentum, natürlich war es das, was mich anzog, was mich noch Jahre später dazu verleiten sollte, einen ähnlichen Weg einzuschlagen, mich mit seinen Gedichten zu den Orten aufzumachen, über die er geschrieben hatte: Macau, Nagoya, Tandjungpriok, Lissabon …

GW 8, 239

Willem Frederik Hermans

Was für ein Autor ist Hermans? (…)

In seinen Büchern werden die Absurdität, Grausamkeit und Sinnlosigkeit des Krieges immer weiter gesteigert, und nicht nur den Hauptfiguren – auch den Lesern gelingt es nicht mehr, sich dem zu entziehen. Minutiös und in der Tat unausweichlich beschreibt er nicht die heroischen Aspekte dieser Zeit, sondern – völlig im Widerspruch zur damals vorherrschenden Stimmung in den Niederlanden – eher den Unsinn all dessen, das Gewurstel, das sinnlose Tun der Menschen in einem, wie er es nannte, sadistischen Universum, das Chaos, in dem sich das menschliche Leben abspielt, wenn der Schein von Ordnung – die Zivilisation – durchbrochen wird.

GW 8, 257f.

W. F. H.: Jeder, der Erfolg hat, muß vom Sockel gezerrt werden. Erfolg darf nicht sein.

C. N.: *Ja, aber findest du nun, daß das eine Eigenschaft der Linken ist, oder ist das einfach niederländisch?*

Es ist sehr niederländisch und speziell links-niederländisch. Und das ist ja das Perverse daran, denn die linken Niederlande sind der Teil der Niederlande, der ja gerade so viel Kritik an allem äußert, was niederländisch ist. Die linken Niederlande sind das Niederländischste, was es gibt. Die linken Niederlande haben in den heutigen Niederlanden genau die gleiche Funktion wie die orthodoxen Protestanten in den puritanischen Niederlanden des 19. Jahrhunderts. Das sind die Strenggläubigen, die sind niederländischer als niederländisch. Dieser ganze kleinliche Haß und Neid … schrecklich. (…)

Du hast die Niederlande vor Jahren verlassen; hast du denn nicht das Gefühl, daß du sie wie eine bleierne Last mit dir herumschleppst? (…) Du bist weggegangen, aber du hast das alles mitgenommen?

Ja natürlich, das kann man nicht abschütteln. Ich bin ein niederländischer Autor. Und nichts anderes. Du kannst also sagen, eine bleierne Last, aber das kannst du genausogut zu jemandem sagen, der schielt. Daran kann der Mann auch nichts ändern. So lebt er nun mal. GW 9, 691-694

Hugo Claus Irgendwann fängt so etwas an. Eine Freundschaft unter Schriftstellern. Der junge Bursche aus den Niederlanden, der über Flandern nicht viel mehr weiß als das, was er mal während einer Fahrradtour kennengelernt hat, kommt in der Predikherenlei in Gent in einen Raum, in dem ein junger Mann mit dem Kopf eines Römers aus Oostakker an einem goldverzierten Empiretisch vor einem großen, bunten Wandgemälde sitzt. Dieser erste Eindruck wird zum beherrschenden Bild, es umreißt das Verhältnis, die Hierarchie. Der Ältere, der Jüngere. Der Ältere hat, schon so früh, den Habitus eines Meisters, auch wenn er sich dem mit Ironie zu entziehen versucht. Der Jüngere hat Gedichte geschrieben, die seinem Alter gemäß sind, die zeigen, wen er gelesen hat, die Poesie einer vergangenen Periode. Der Ältere verfügt über eine barocke Sprachgewalt, durch die die neue Zeit fegt, eine hohe Form der Rhetorik, die mit seinem Heimatland zusammenhängt, aber auch mit einer *connaissance du monde*, die weit über die Grenzen dieses Landes hinausreicht – eine alchimistische Mischung aus Nationalem und Weltweitem, die aus Blei Gold entstehen läßt. (...)

Das alles ist mehr als fünfzig Jahre her. Der Jüngere, der ich damals war und im Hinblick auf den anderen immer geblieben bin, hat in seinem Vagabundenleben immer wieder diese Berührung gesucht. Ich habe Hugo in unendlich vielen Wohnungen besucht, in Nukerke, Gent, Antwerpen – ein Schriftsteller im natürlichen Element seiner Welt. Jedesmal wieder Eintauchen in eine Flut von Mahlzeiten, Spielen, Klatschgeschichten, in die Paraphernalien eines vielseitigen Œuvres, eine unablässige Sturmflut an Gedichten, Theaterstücken, Bildern, Erzählungen, Romanen, ein Deichbruch der Kreativität, wobei die eigene, so andere Natur und das eigene, so andere Maß fortwährend geschärft wurden. Eine solche Flut ist verführerisch, man muß genau wissen, wer oder was man selbst ist, bevor man das von einem anderen erträgt, und es ausfindig zu machen nimmt ein ganzes Leben in Anspruch. (...) Dazu gehörte natürlich, daß man wußte, wie man beim Tischtennis zu verlieren hatte, daß man bei einem Wortspiel, bei dem der letzte Buchstabe des einen Namens der erste des nächsten werden mußte, grundsätzlich eine Niederlage einstecken würde, weil das Reservoir an obskuren Dichtern, Boxern, literarischen Pornographen und Radrennfahrern, die er kannte, unerschöpflich war. Die Freundschaft bedeutete eine Initiation in vieles, wozu ich bis dahin keinen Zugang gehabt hatte. (...) Und die Literatur? Sprachen wir darüber? Nicht wirklich, denke ich heute. Es war auch nicht nötig. *2008*

MARY MCCARTHY Einer Sache *abhold sein*, dieser eigenartige, lapidare Ausdruck kommt mir als erstes in den Sinn, wenn ich an sie denke. Als zweites: *altmodische Tugenden*. Beides konnte verschiedenerlei Form annehmen, sich auf alles mögliche erstrecken. Sie war Sprücheklopferei abhold, Unechtheit, Tageswahn, Moden, Doppeldeutigkeit im politischen Sprachgebrauch, Euphemismen, Jargon, Imitat, Pose, verbrämten Lügen, Unsinn. Dafür hatte sie ureigene Ausdrükke, wie zum Beispiel *oh shoot* oder *poppycock*, und das konnte sich dann ebensogut auf eine Passage in einem Essay beziehen, auf den Ausspruch von jemandem oder auf die Beschreibung eines Gerichts in einem Restaurant. Altmodische Tugenden: »Der Auftrag, den wir alle, nicht nur die Talentierten, bekommen haben, den Weg zu gehen, der uns vom Zufall und vom Schicksal zugewiesen wurde.« Und auch das konnte alles mögliche bedeuten. Wenn der Garten ihres Mannes in Maine eine unzumutbare Menge an Tomaten geliefert hatte, mußten sie alle eingemacht werden, denn Vergeudung ist nach dem puritanischen Kodex eine Sünde. Ich sehe die Küche in dem großen Holzhaus vor mir, mit all den Gläsern, in denen die roten Kugeln ihre endgültige Form gefunden hatten: als Püree, *relish*, *pickles*, der Himmel mag wissen, was noch alles, und durch die ganze Schufterei hindurch sah man nicht nur Rosamund Brown aus *Birds of America*, sondern ein ganzes Heer amerikanischer Pioniersfrauen bei derselben Arbeit, bis zurück zu den Tagen der Pilgrim Fathers. Doch es bedeutete auch, daß man mit seiner französischen Übersetzerin tagein, tagaus erschöpfende Sitzungen hinter sich bringen mußte, um eine Bedeutung genau hinzukriegen, denn das war man seinem eigenen Werk schuldig. Oder daß man den verhüllenden Sprachwust in den Watergate-Prozessen wegschneidet, weil man als Bürger dazu berufen ist, mit den Möglichkeiten, die einem gegeben sind, über den öffentlichen Bereich, die *polis*, zu walten. GW 8, 304f.

Der Dichter des Lesens

für Paul Hoffmann

Kam mir entgegen,
in meiner verdunkelten Unschuld,
Leuchtspur,

in einem Turm
heiligen Wahnsinns,
dieser eine,

hörte mein Wort,
das ich nicht hörte,
hörte mein Fremdes,

stimmte mich,
mit dem feinsten Ohr für verborgene Töne,
stimmte mir zu.

Verbannter, hatte er,
in einem leeren Fremdland,
Wörter gesummt und geschliffen,

bis sie sich wurden.
Gewappnet kam er zurück,
zu ihrer früheren Schande,

ihrer vor Lügen
lautlos gewordenen,
ihrer verdorbenen Sprache,
die er aufliest und hegt,
mit Gedichten heilt,
sich wiedergewinnt.

Aus seiner Seele wächst Licht,
Schneelorbeer um seinen Kopf.
Glänzend bist du es, der Lehrer,

der Dichter des Lesens.

GW 1, 85f.

Was machen wir mit den Menschen, denen wir begegnet sind? Sind sie es, die wir manchmal in unseren Träumen sehen? Gesichter, von denen der Name sich abgewetzt hat? Haben sich Spuren von ihnen erhalten? Winzige Partikel, die an meinen Büchern mitschreiben? Verborgene Assoziationen, die mitschwingen, wenn ich an Kommunisten, Gepäck, Amerikaner, nächtliche Straßen, Lastwagenfahrer, Parkbänke, Frauen, Franzosen oder deutsche Polizei denke? Wo bleibt das alles? GW 9, 507

Nachbarn auf Menorca Maria war (...) eine *force of nature*. Im alten Griechenland hätte man eine nicht ganz harmlose Göttin aus ihr gemacht. Sie besaß nicht mehr eben viele Zähne, doch bei ihr war keine Rede davon, daß man sie nicht verstand, ihre Stimme durchdrang alles. Kurz, breit, spekkig, eine Gestalt, wie ich mir die Frauenfigur aus Coetzees Roman *Schande* vorstelle, halslos, ein Brocken ungebändigter Energie mit scharfem, alles durchschauendem Blick. Daß Bartolomeu, ihr Mann, es unter diesem Regime nicht leicht hatte, war offensichtlich, seine einzige Zuflucht war die Bar im Dorf, wo die Männer Domino spielen. Er arbeitete auf dem Bau und zog etwas Gemüse auf dem Grund einer englischen Gräfin und Pferdezüchterin, und kurz nach Erreichen des Rentenalters stürzte er um wie eine Eiche, wahrscheinlich um Maria nicht zur Last zu fallen – oder um ihr zu entkommen. Jedenfalls war sie aufrichtig traurig, was sie genau einmal in ein paar Sätzen äußerte, und das war die einzige Grabrede, die Bartolomeu zuteil wurde; immerhin war sie länger als die für ihren Bruder, die mir unvergeßlich geblieben ist.

Ich war von einem langen Spaziergang zurückgekommen, und Maria stand am Zaun mit einem Gesicht wie ein Aushängeschild. *Leid* stand darauf. Also mußte ich fragen, was los sei.

»Schrecklich«, sagte sie.

»Aber was ist denn?«

»Mein Bruder.«

»Welcher?« Ich wußte, daß sie elf Brüder und Schwestern hatte, die ich aber längst nicht alle kannte.

»Der jüngste. Er hat Selbstmord begangen.«

Dann sagt man, daß das schrecklich ist, weiß aber, damit ist es nicht getan. Es muß noch eine Frage gestellt werden, und die betrifft nicht das Wie, sondern das Warum.

Die Antwort war von bestürzender Einfachheit und ließ durch die Art und Weise, wie sie gegeben wurde, auch keinen Raum für weitere Fragen.

»Era muy moderno.«

Das war sie also, die ganze Grabrede. Er war sehr modern. Drogen? Alkohol? Verbrechen?

Keine Ahnung, und mehr wurde auch nie darüber gesagt, genausowenig wie über Bartolomeu. Sie sind auf dem Dorffriedhof begraben, auf dem alle, Freund wie Feind, letztendlich landen, an dem eigenartigen Kreisel, an dem die Toten zu Lebzeiten hunderttausendmal vorbeigekommen sind und wo wir uns zur alljährlichen *fiesta* treffen, um uns das gigantische Feuerwerk anzusehen, das den Abschied vom Sommer bedeutet. GW 9, 452 ff.

Siegfried Unseld Plötzlich war mein Haus voll. Voll mit seinem Körper, seinen Gesten, seiner Stimme. Aber auch voll mit allem, was zu ihm gehörte, seiner Geschichte, seinen Autoren. *Mein* Verleger, sagen Schriftsteller, als wäre er ihr Eigentum. Verleger sprechen, soviel ich weiß, nicht von *meinem* Autor, doch für Siegfried Unseld waren es *seine* Autoren, Uwe Johnson, Max Frisch, Samuel Beckett, Martin Walser, Thomas Bernhard und all die anderen. Zwischen meinen vier Steinwänden befand sich eine ganze Literatur in einer Intimität, die uns, glaube ich, beide überraschte. So nah beieinander waren wir noch nie gewesen. Er hatte mich schon einmal besucht, in Amsterdam, doch das war ein anderes Haus, mit Büchern und Bildern; das Haus hier auf Menorca, in dem er sich jetzt befand, roch nach Abgeschiedenheit und nach Schreiben, und seine Haltung dazu läßt sich vielleicht am besten mit dem Wort Scheu, im Niederländischen *schroom*, umschreiben, ein Wort, das, zumindest in meiner Sprache, altmodisch geworden ist.

(...) Er näherte sich mir mit Umsicht, wir hatten es manchmal schwer miteinander. Deutsche Umgangsformen mit ihrer kleinen Fürstenhöfen entliehenen hierarchischen Struktur waren für den Sproß des antiautoritären Stamms, aus dem ich hervorgegangen bin, nicht unmittelbar einsichtig. Zudem schließt man in dem Alter, in dem ich inzwischen angekommen war, nicht mehr so leicht neue Freundschaften. Und doch war zwischen uns eine Beziehung entstanden, die in den wenigen Tagen seines Aufenthalts auf der Insel eine neue Dimension erhielt, welche für den im Grunde vaterlos Aufgewachsenen, der ich bin, vielleicht auch ein Element einer Vater-Sohn-Beziehung besaß – so seltsam sich das angesichts meines Alters auch anhören mag –, einschließlich der Probleme, die manchmal dazugehören. Wie dem auch sei, wir machten lange Spaziergänge, schwammen im Meer, niemand behelligte ihn oder lenkte ihn ab, ich hatte ihn für mich allein, etwas Ausgelassenes kam über ihn, ein Gefühl von Freiheit, wir aßen Dinge, die er sonst offenbar nicht essen durfte, wie zum Beispiel Austern und Nieren und Kutteln, er erzählte von Peter Suhrkamp und Uwe Johnson, dem Autor, den er vielleicht am meisten verehrte und für den er so viel bedeutet hat.

Er fehlt mir. Ich weiß nicht, wo er ist. Jedesmal wenn ich das Haus in der Lindenstraße betrete und an den Wänden all die Bände der Bibliothek Suhrkamp und der edition suhrkamp sehe, all die Fotos von Schriftstellern und Philosophen, Dichtern und Denkern, die er verlegt hat, dieses ganze geistige Gebäude, das dort sichtbar und unsichtbar zugleich ist, dann überfällt mich seine Abwesenheit wie etwas Undenkbares, etwas, das hätte verboten werden müssen. (…) Sein Werk aber steht. Für ihn gilt, was Auden beim Tode von Yeats sagte: »You were silly like us, your gift survived it all.« GW 8, 279ff.

JEAN-PAUL SARTRE Sartre in Brüssel. Abends, kurz vor acht. Schnee auf dem Rogierplein. Autos zeichnen Licht auf die durcheinandergeworfenen Schultafeln der Dunkelheit. Es ist sehr kalt. Ich folge einer immer größer werdenden Menge zum Internationalen Zentrum, wo Sartre über Algerien, über das Aufkommen des Faschismus sprechen wird. Des neuen, wohlgemerkt.

Über den einzelnen Trupps, die zu dem gläsernen Gebäude strömen, hängen schwarze Engel der Spannung und Erwartung. Ich sehe sie nicht das erste Mal.

Vor dem Gebäude drängen sich Tausende Menschen, ein viel zu großes Tier, das sich durch die schmale Glastür zwängen muß. Was ich von meinem Platz aus sehe: Hunderte und Aberhunderte in der Eingangshalle auf engstem Raum zusammengepfercht, verbissene, auch ängstliche Gesichter, Algerier, Kongolesen, Watutsi – hochgewachsene, schlanke Neger mit Persianermützen. Die Glaswand am Eingang hält nicht stand, sie wölbt sich und zerspringt in tausend umherfliegende Scherben. Panik und Grölen. Blutende Verletzte werden weggebracht. Die Menge drängt weiter, will hinein. Über den Köpfen sehe ich die Gewehre und Helme von Polizisten, die auf der Schwelle stehen. Zum Schutz der Augen tragen sie Motorradbrillen.

Ich stehe immer noch auf meiner Insel und schaue zu. Die Rolltreppe kann das Gewicht nicht mehr halten und beginnt rückwärts zu laufen. Ein ängstlicher Cakewalk aus einem veralteten Film – Hunderte, die auf der absackenden Treppe nun fast rennen müssen, um auf der Stelle zu bleiben. Rennende Studenten halten ein Plakat hoch. *Gauche* oder *la Gauche* steht in roten Lettern darauf, ich kann es nicht so genau sehen. Ich erkundige mich, ob es einen anderen Eingang gibt. Nein, es gibt keinen anderen Eingang. Wie viele Menschen müssen durch den einen hinein? Mindestens sechstausend. Ich gehe zur anderen Seite des Gebäudes und sehe sie laufen, die sechstausend. Wie schwarze Punkte schieben sie sich auf den ruckenden Rolltreppen bis in den obersten Stock des gläsernen Gebäudes, um etwas über diesen Krieg zu hören. Diesen siebenjährigen Krieg mit vierhunderttausend Toten. Den Krieg der Unlust, des Abschieds. Den *kranken* Krieg, die Münze der Veränderung.

Ich weiß, daß ich in der Menge nie reinkommen werde, und mache mich auf die Suche nach einem anderen Eingang. Einige hundert Meter weiter finde ich einen, bei einem Parkhaus. Polizisten schreiben das Kennzeichen eines jeden Autos auf, das hineinfährt. Ich gehe an dem blauen, schwerbewaffneten Kordon vorbei, und man läßt mich passieren. Eine schmale Wendeltreppe. Es hat etwas von einem Gruselfilm. Auf einem Parkdeck angekommen, sehe ich wieder ein neues Parkdeck. Und auf jedem neuen Parkdeck biegt dasselbe geheimnisvolle schwarze Auto mit mir um die Ekke. Der Saal befindet sich in der neunten Etage. Mindestens fünfzehn Polizisten stehen davor. Gewehre, Helme, Schlagstöcke. Ein Student mit einer grünweißen Armbinde läßt mich hinein. Auf der Binde stehen mysteriöse Runen, ich kann sie nicht lesen. Der Saal ist entsetzlich, ein wahnsinniger Kasten voller Neonleuchten, unendlich lang.

Da sitzen sie, die Sechstausend, klein unter den Betonbögen dieses Walhalls, ich habe noch nie so viele Leute in einem Raum gesehen. Irgendwo rechts ist ein Podium, um das Podium herum lange Tische für die Presse. Ich sehe Jan Walravens von *Het Laatste Nieuws*, muß aber wieder weg, es ist zu voll. Gerade, als ich zurück nach hinten gehen möchte, wo ich auf einer Treppe stehen könnte, kommt Sartre zur Tür herein. Er ist von sehr kleiner Statur und blickt erschreckt auf das große Tier, die Menge. Einen Augenblick lang sehe ich ihn ganz nah, die Anomalie des rechten Auges, dessen Pupille wie ein dunkler Stein in den rechten Augenwinkel gedrängt ist. Die Menschen beginnen zu schreien, ein Politiker leiert seine heilige Litanei herunter, ein Flame läßt plötzlich niederländische Wörter in den französischen Saal fallen, es wird skandiert, Sartre beginnt zu sprechen.

Jetzt ist es so still wie in einer Schneelandschaft. Ich stehe hinten zwischen Lahmen und Krüppeln in Rollstühlen. Neben mir steht Hugo Claus. Wir lauschen der Stimme, die ihre Wirkung bei der Menge nicht verfehlt. Eine deutliche, didaktische Stimme, voller Dramatik und Klarheit, brennend und drängend. Saalordner, *Sint Joost ten Noode* auf den Rükken gestickt, bewegen sich durch diese Stimme wie Forellen im Aquarium eines Restaurants. Sie fühlen sich wohl, meine ich.

Während ich zuhöre, muß ich mir immer wieder diese Menge ansehen. Neger, Studenten, einige Priester. Kaum jemand ist über vierzig. Sie sitzen in langen, nicht enden wollenden Schlachtreihen, sie lehnen sich über die Brüstungen der proppenvollen Balkone, ich befürchte, sie werden noch hinunterfallen. Sie hören zu, und der kleine Mann redet. Er peitscht nicht auf, schreit nicht. Aber er klagt an und warnt. Die alten Worte fallen wieder und wieder. OAS, FLN, *colons*, Folterungen, *pied-noirs*, Terror, Lager, Krieg, das Gewissen, die enttäuschte Armee, der neue Faschismus, *der Ritus des Rechthabens*. Er sagt, wie man so sagt, nichts Neues. Aber er sagt das Alte sehr deutlich. Es gibt auch nichts Neues zu sagen. Wer es jetzt nicht verstanden hat, wird es nie verstehen, jedenfalls nicht durch Worte.

Wir verlassen den Saal, bevor die Rede zu Ende ist, aus Angst, mit der Menge hinausgehen zu müssen. Der Kordon der Bewaffneten am Ausgang läßt uns schweigend durch. Ich habe das Gefühl, durch eine Hecke von Gebissen zu gehen, Gebisse, die zuklappen könnten. Langsam gehen wir, noch immer verfolgt von der Stimme, die endlosen Wendeltreppen hinunter in die verschneite Stadt. Selbst weit vom Gebäude entfernt steht noch Polizei. GW 9, 363 ff.

Charles de Gaulle Eine halbe Stunde vor Beginn der Pressekonferenz des Generals strömen bereits große Gruppen gutgekleideter Menschen im Nieselregen zum Élysée-Palast. Die Karten werden sorgfältig kontrolliert, die Mäntel abgegeben, und dann darf man in den Thronsaal treten, denn damit hat es noch am meisten Ähnlichkeit. Tausend goldblitzende Stühle stehen unter unzähligen überreifen Kronleuchtern aus Kristall. An einer Seite des Saals ist eine Samtkordel gespannt, dahinter steht auf einem Podest ein Tisch, auf dem eine rotsamtene Tischdecke mit goldfarbenen Fransen liegt. Auf dem Tisch ein in Leder gebundenes Buch, in dem nichts steht. Dahinter Der Thron, ein gewaltiger, mit bordeauxroter Seide überzogener Empire-Sessel, in dem de Gaulle gleich Platz nehmen wird. Links und rechts davon und auf andere Weise als die Stühle für die Presse zu diesem Thron hin ausgerichtet die Stühle der Minister. Direkt gegenüber vom Platz des Generals eine riesige Menge Abwehrgeschütz: Film und Fernsehen, die vereinten Augen des künftigen Geschichtsbuches. Die Stimmung ist von gerührter Erwartung. Man schaut sich an, reflektiert in einem Urwald von Sprachen, mißt das Licht, knipst schon mal ein paar Fotos, sonnt sich in der mit Hilfe von Gold, Gobelins und Deckengemälden erneuerten Glorie und streitet sich um bessere Plätze. Kurz vor drei kommt Landwirtschaftsminister Edgard Pisani als erster durch den Vorhang, und fünf Minuten später hat das ganze Kabinett Platz genommen, neugierig gemustert vom Publikum, das den Ministern auf die rechte Wange schaut. Alle sind gekommen, und in Erwartung ihres

Herrn scherzen sie miteinander. Wenig später erscheint Pompidou, hinter ihm ein Uniformierter, der den Vorhang aufhält.

Und dann schreitet er in den Saal, Charles de Gaulle, Präsident der französischen Republik. Er sieht nicht so eigenartig aus wie auf den Fotos. Vor allem die Nase ist kleiner. Er nimmt Platz, blickt in den Saal, ohne viel zu sehen, und während wir leiser werden, setzt das Rascheln, Surren und Schnurren der Kameras ein. Schon der erste Satz soll mit seinen gaullistischen Akkorden die Herzen erwärmen: »Frankreich geht es hervorragend, keine Kriege, keine Sorgen, große Zufriedenheit.« Aktuelle Probleme werden in dieser Einleitung nicht erwähnt, und schon bald darauf dürfen Fragen gestellt werden. Jedesmal wenn jemand aufsteht, geht ein Mann mit dem Mikrofon zu ihm hin, und die fremdesten Akzente klingen durch den Saal. Was hält der Präsident von dem, wie beurteilt er das, China, Japan, Italien, Südamerika, Laos, die Welt. Die Gaullisten unter den Fragestellern sprechen ihn liebevoll mit »mon Général« an. Er hört zu und läßt die Fragen auf sich einströmen. Den Fragesteller selbst schaut er nicht an. Sein Kopf macht kleine, nervöse Rucke nach oben, die Hände schließen sich zusammen und trennen sich wieder, und wenn er sie schließt, legt er kurz die Daumen aneinander. In meine Richtung blickt er nur, wenn auf der anderen Seite eine Frage gestellt wird. Dann starrt er über all die Köpfe hinweg, wiegt sich dabei kaum wahrnehmbar und nimmt die Fragen – die er vielleicht schon kennt – ohne sichtbare Reaktion auf; er ist immer der mächtige Mittelpunkt, über Telstar sichtbar im ganzen Raum, sichtbar für sein geliebtes Volk, sichtbar als alter Schauspieler für die ihm ergebenen Journalisten. Danach beginnt er zu sprechen – ein endloses Referat über die Verfassung, mit der er sehr zufrieden ist. Die Engel auf den Deckengemälden reichen einander weiter Lorbeerkränze dar, die Gobelins wiegen sich ganz sanft hin und her, die Kameras surren und rauschen gierig, und er redet und redet.

Die Minister vor mir hören zu oder auch nicht. Giscard d'Estaing wirft ab und zu strenge Blicke in den Saal – nach einer Woche Unterhandlungen in Moskau ist diese konstitutionelle Lektion auch etwas lang, und die Kameras irritieren ihn sichtlich. Habib Deloncle, Staatssekretär für die ehemaligen französischen Kolonien, direkt vor mir, muß immer wieder grinsen, und es sieht fast so aus, als zwinkere er, wenn ein Journalist über einen typischen Gaullismus lachen muß. Sie haben alle etwas mit den Augen. Pisani hat seine hinter einer Brille mit schmalem Goldrand versteckt, die von Jean de Broglie stehen ein ganz kleines bißchen vor in einem Gesicht, das mit Perücke besser aussehen würde, die von Maurice Couve de Murville, der auf Fotos immer so matt aussieht, glänzen wie große schwarze Kirschen. Der Blick von Kultusminister Malraux ist scheu, sein Kopf wird immer wieder durch einen Tick kräftig nach hinten geworfen. Allmählich wird es drückend heiß. Jemand schaltet einen propellergroßen Ventilator hinter den Ministern an, was nur wenig hilft. Ganz entspannt sind im Moment nur die Pfaue auf den Gobelins und der Mann auf dem Empire-Thron. Er handelt ein Problem nach dem anderen in langen musikalischen Sätzen ab, vortrefflich komponiert, romanische Bogen, die jedes Mal kurz in den abwartenden Saal zurückkommen und dann wieder aufsteigen ins Himmelreich, wo alles stattfindet. Ein großes Lob für Chiang Kai-shek, ein vernichtendes Urteil über die Methoden des Kommunismus, ein Kompliment für die deutschen Freunde, ein Versprechen für Afrika, eine unausgesprochene, doch zweifellos vorhandene Geringschätzung für Amerika – eine große, königliche Hand, die den Globus dreht und vor allem französische Politik darauf macht. Er sagt nichts Sensationelles, gibt ein paar Rätsel auf, im großen und ganzen ist es die Rede eines mächtigen Mannes über seine eigene Politik. Sie dauert fast zwei Stunden. Dann dürfen die Herren aufstehen. Der General verschwindet hinter dem Vorhang, sein Kabinett folgt ihm. Die Journalisten rennen los, um zu telefonieren. Ich habe das Gefühl, aus einer vergoldeten Sauna zu kommen. Die Theologen um mich herum beginnen mit einer Exegese. Draußen regnet es immer noch. Die schwarzen Citroëns der Minister stehen nebeneinander auf dem nassen Kies. Auf jeder Windschutzscheibe ein kleiner, rotweißblauer Kreis, und mit diesem imponierenden Bild auf der Netzhaut verlasse ich, ein europäischer Untertan, den Hof. GW 7, 361 ff.

K. P. Herbach Groß, schwer, mit diesem ein wenig schwierigen Gang, der die Mitte hielt zwischen schleifender Bewegung und Hoppelschritt. So hatte ich ihn in meinen Berliner Jahren samstags morgens auf dem Markt in der Goethestraße laufen sehen, so kam er ein paar Stunden später immer in die Autorenbuchhandlung, wo wir zu Beginn des Mittags mit ein paar Freunden Kaffee tranken. Das erste, wonach ich schaute, war, welches Abzeichen er dieses Mal trug. Ich glaube nicht, daß ich ihn jemals zweimal mit der gleichen Insignie, dem gleichen Button gesehen habe. Er muß einen unermeßlichen Vorrat gehabt haben; ich frage mich, wo sie nun sind. (...)

Meine *Berliner Notizen*, mein *Allerseelen* hätte ich ohne seine Einladung nach Berlin nicht geschrieben, und so ist er unverbrüchlich mit meinem Berlin verbunden, und während ich dies schreibe, sehe ich ihn vor mir in seinem schizophrenen Buchhändlerkeller, schwitzend und ein bißchen außer Atem, mit diesem merkwürdigen, nach außen stehenden lockigen weiß-orangen Haarschopf, wie er schon wieder während des Applauses damit beschäftigt ist, die Attraktion der folgenden Woche anzukündigen. (...)

Ich werde ihn vermissen. Er hatte eine unbändige Energie und einen ansteckenden Enthusiasmus. Für mich gehörte er zum Salz der Erde, weil er mitten in einer Weltstadt einen Freiraum für Schriftsteller und Leser geschaffen hatte, einen Ort, von dem man nur hoffen kann, daß er bestehen bleibt, weil in einer Welt, die immer kommerzieller, härter und anonymer wird, solche Orte so nötig sind wie Wasser und Brot. GW 8, 282 ff.

Dachs und Leopard Manche begeben sich auf die Reise zu Freunden, andere zu einer Erinnerung, einem Gemälde, einer Landschaft, hie und da pilgert jemand sogar zu einem Gedicht. Nun ist es natürlich nicht so, daß es Landkarten von Gedichten gäbe, obwohl es nicht mal so schwierig wäre, eine anzufertigen. Manche Gedichte beschreiben Orte, von anderen wissen wir, wo sie entstanden sind, der wahre Liebhaber wandert mit Petrarca auf den Mont Ventoux hinauf, spaziert Arm in Arm mit Shelley durch Neapel, hat Homer bei sich auf Ithaka und denkt an den Ufern des Tejo an Slauerhoff.

Ähnlich verhielt es sich auch mit dem einsamen Reisenden, der sich in einem viel zu leichten Regenmantel an einem eiskalten Januartag in dem etwas düsteren Hotel La Ginestra in Recanati einquartierte, einem der wenigen Hotels der Erde, die nach einem Gedicht benannt sind. La Ginestra, der Ginster. Das Mädchen an der Rezeption schrieb ihn ein als Michael Krüger, und da dies kein Krimi ist, gehen wir davon aus, daß es der richtige Name des späten Gastes ist. Bei der Frage, was sie als Beruf eintragen solle, schien er kurz zu zögern, als müsse er etwas überwinden, sagte dann aber doch ziemlich laut: *poeta*. Das ungewöhnliche Wort rollte durch die leere Lobby, und das Mädchen, das vor kurzem einen Naturfilm über aussterbende Tiere gesehen hatte, erinnerte sich später, daß sie gedacht hatte, der freundliche Herr vor ihr habe ein wenig Ähnlichkeit mit einem Dachs, dem Tier, das ihr in diesem Film so sehr gefallen hatte, und sei es nur deswegen, weil es sehr scheu war und man es eigentlich nie zu Gesicht bekam. Der einzige andere Dichter, den sie je gesehen hatte, stand als Statue in der Mitte des Platzes vor dem Rathaus, und wenn dieser auch nicht einem Dachs glich, gab es – mal davon abgesehen, daß das Standbild mehr Haare hatte, aber dieser Dichter war auch nicht so alt geworden – doch eine gewisse Ähnlichkeit. (...)

Er fragte, bis wann er abends ins Hotel komme und ob sie eine Karte von Recanati habe. Die hatte sie an der Rezeption, und während sie danach suchte, sah sie, wie er unter den Ansichtskarten ein paar aussuchte, das Standbild und das Palais, in dem der Dichter gelebt hatte und in dem, wie sie sagte, die Familie noch immer wohne. Hier hat sich in den letzten zweihundert Jahren nicht viel verändert, wollte sie noch hinzufügen, doch da hatte er schon ein paar von diesen weißen Karten mit all den Gedichten in der Handschrift des Dichters gekauft, die sie in der Schule noch hatten lernen müssen. Spitz war diese Schrift, mit altmodischen Schnörkeln, sie war froh, daß niemand ihr so schrieb. Er kaufte *Billio* und *Le ricordanze* und natürlich auch *L'infinito*, das sie noch auswendig hatte lernen müssen. Warum sie ihm das erzählte, wußte sie nicht, es war heraus, ehe sie sich's versah. Er lachte, und jetzt glich er mehr denn je diesem Dachs, den sie im Fernsehen gesehen hatte, das Gesicht nach vorn zulaufend, die Augen, die sie sehr intensiv ansahen, ziemlich dicht beieinander, aber sehr freundlich. Sagen Sie's mal auf, sagte er, und als sie errötete und den Kopf schüttelte, forderte er sie noch einmal auf.

»Ich kann's nicht mehr«, sagte sie.

»O doch«, antwortete er, »dieses Gedicht vergißt man nicht. Es macht doch nichts, es ist niemand da«, und so hatte sie es aufgesagt, leise, während gleichzeitig irgendeine blöde Talkshow lief. Aber das schien ihn nicht zu stören, er hatte sehr aufmerksam zugehört und sachte den Kopf bewegt, woraus sie schloß, daß er das Gedicht ebenfalls kannte, obwohl er Deutscher war.

Als er ins Freie trat, sprang ihn der Wind an. »Wie ein Mensch«, dachte er, aber es war zu kalt, um es zu notieren. Er bog in die Via Calcagni. Wenn er sich hinter der Augustinuskirche nach rechts wende, hatte sie gesagt, und dann die Via Roma immer geradeaus gehe, komme er von ganz allein zur Casa Leopardi. Manche Dichter, dachte er, hatten glückliche Namen, Namen, die bereits etwas bedeuteten, bevor man auch nur ein Wort geschrieben hatte. Wer hätte nicht gern einen Leoparden im Umkreis seiner Gedichte, ein wildes, gefährliches Tier, das jeden Moment hinter diesen bitteren und melancholischen Versen hervorkommen konnte. Er dachte an das Mädchen und wie sie das Gedicht aufgesagt hatte.

Sempre caro mi fu quest'ermo colle,
E questa siepe, che da tanta parte
Dell'ultimo orizzonte il guardo esclude …

Worin nur bestand der Zauber mancher Verszeilen? Warum blieben einem manche in eine bestimmte Ordnung gebrachte Wörter ein Leben lang im Gedächtnis und andere nicht? Michael Krüger war nicht nur Dichter, sondern auch

Verleger und außerdem Herausgeber einer Zeitschrift, die viel Lyrik publizierte, doch selbst der tägliche Umgang mit Poesie hatte das Rätsel nicht lösen können. Es gab einen Unterschied zwischen einer Kategorie wie »schön« oder »innovativ« oder »rätselhaft« und jener anderen Eigenschaft: »unvergeßlich«, und aufgrund dieses Unterschieds wußte man, daß Verfall und Vergänglichkeit diesen Zeilen nichts anhaben könnten, diese Verse nie mit Schimmel überziehen würden. Man wußte, solange es Sprache gebe, würde, was auch immer geschehe, irgendein Mund diese Worte aussprechen, ob sie nun von Sappho, Dante, Baudelaire stammten oder, wie in diesem Fall, von Leopardi.

GW 9, 587ff.

Trugbild

Nie gewesen, der du sein wolltest,
der du dachtest, daß du warst.
Das falsche Kostüm
in einer verqueren Welt.

Immer mit der Lüge gegangen,
der ältesten Verlobten, nie geglaubt,
daß nächstliegende Worte

die innigsten sind. Für dich ist
die Erscheinung verwandter
als der erste Gedanke,

du hast zuviel Welt, zuviel Moos
an deinem Standbild, du stehst da
mit dem Buch, das du selbst nicht gelesen,

ein Mann aus Fleisch, der zu Kalk wurde,
ein Engel aus Schatten, allein,
gehüllt in deinen Namen
als leeren Beruf. GW 1, 95

Warum Reisen?

Wie entwickelt sich so etwas? Eines Tages, und ich weiß, wie romantisch und altmodisch das klingt, aber in meinem Leben hat es sich so abgespielt, habe ich einen Rucksack gepackt, Abschied von meiner Mutter und den Zug nach Breda genommen und mich eine Stunde später – jeder weiß, wie groß die Niederlande sind – an der belgischen Grenze an den Straßenrand gestellt und den Daumen hochgestreckt; und damit habe ich eigentlich nie mehr aufgehört. Jeder meditative Gedanke, jede metaphysische Prätention war mir in diesem Augenblick sehr fern, diese Dinge kommen erst später, im Grunde ist es wie bei der Gebetsmühle der Tibeter: Die Bewegung geht dem Gedanken voraus. Anders ausgedrückt: Ich habe nie mehr aufgehört, mich zu bewegen, und nach und nach habe ich angefangen, dabei zu denken, und wenn man will, dann darf man dieses Denken Meditieren nennen. GW 8, 10f.

Reisen hat stets ein Element des Brutalen, Neugierigen, Ungehörigen an sich. Man mischt sich in Gesellschaften, deren feine Nuancen, Soziolekte, Sitten, Eigentümlichkeiten man nicht ganz verstehen kann und nie ganz verstehen wird, und in diesem Sinne ist man ein Eindringling. GW 6, 280

Wer viel reist, wird bis zum Überdruß gefragt, ob er womöglich vor irgendwas auf der Flucht ist, doch darum geht es nicht. Es geht darum, zu verschwinden und gleichzeitig dazubleiben. Man behält sein eigenes Leben – man kann eine Telefonnummer wählen, und wenn alles seine Richtigkeit hat, ist am anderen Ende immer jemand, der weiß, wer man ist –, doch gleichzeitig taucht man ab. Jeder kann einen sehen, als Selbst jedoch ist man unsichtbar. Man könnte sozusagen genausogut ein anderer sein. Man hat sich von der Anekdote des eigenen Daseins gelöst, jetzt ist man ein Einwohner der Provence oder von Rio de Janeiro, oder man ist gerade mit der Maschine der New Zealand Air nach Samoa gestartet. Unter einem liegt der Ozean mit diesen auf einmal so kleinen Inseln, auf denen man die letzten Tage verbracht hat. Die Illusion besteht daraus, daß man an all diesen Orten, die man erstmals aufsucht oder zu denen man zurückkehrt, noch ein zweites Leben hat, das zeitgleich mit dem anderen verläuft. Reisen ist im besten Fall auch eine Form des Meditierens, und das geht am Zattere in Venedig genauso gut wie in Zagora am Rande der Sahara. Im Gegensatz zu dem, was ständig behauptet wird, ist die Welt für den noch immer unermeßlich groß, der mit sich selbst auf Reisen geht. GW 6, 896f.

Beliebiger Tag, beliebiger Ort. Damit will ich sagen, ich hätte auch jemand anderer sein können, in einer anderen Stadt, an einem anderen Tag. Aber es ist jetzt, hier, auf der anderen Seite der Welt, August und Winter. Das Café heißt Nilpferd, auf einem Podest in der Mitte steht ein Exemplar aus Stein, so groß wie ein stattlicher Hund, weiß und glänzend. Es ist ein Raum, wie es ihn früher in Europa gab, ein Ort, an dem gelesen, gedacht, phantasiert wird, an dem Männer sich miteinander unterhalten und eine Zeitschrift gründen. Draußen ist es grau. An einem weit entfernten Tisch sitzt jemand und schreibt, aber das bin ich. Bus 29 fährt vorüber, wie in manch anderer Stadt. Hier ist er violett. An der gegenüberliegenden Straßenecke ist noch ein Café. Ich weiß nicht, warum ich nicht dort Platz genommen habe. Es ist ein Spiegelbild dieses Cafés, vielleicht sitze ich da ja auch. Durch das Fenster sehe ich einen Park, ein heroisches Standbild, hohe Bäume, die hier im Winter nicht kahl werden. Die Kellner sind schwarz gekleidet, mit langen schwarzen Schürzen, als trügen sie Trauer. Zehn Männer sitzen im Café, drei Frauen. An der Wand hängt ein leicht gekippter Spiegel, so daß ich die Welt draußen noch einmal sehe, diesmal als schiefe Ebene. Die Buchstaben der Zeitung auf dem Nebentisch berichten lauthals vom Hexentanz der Börse. Die Straße vor dem Fenster ist mit kleinen Steinen gepflastert. Dazwischen Straßenbahnschienen, mit Asphalt zugeschmiert. Die Bahn muß hier einst um die Kurve gefahren sein, doch jetzt enden die Gleise im Nichts. Dennoch höre ich das Geräusch dieser um die Kurve kommenden, nicht mehr existierenden Straßenbahn, ein Geräusch in Sepia, wie auf alten Fotos. Ein Mann mit einem kurzen schwarzen Bart betritt das Café. Vielleicht hat er vor einer Stunde einen Mord begangen. Drei andere Männer erheben sich, er umarmt einen nach dem anderen. Ich weiß nicht, warum ich darin ein gutes Zeichen erblicke. Die Frau in Blau wird angerufen, sie hält sich eine Hand seitlich an den Mund, damit hier niemand hört, was sie sagt. Ich bin immer irgendwo anders. Die beiden jungen Männer, die die ganze Zeit hinter mir Karten gespielt haben, verlassen jetzt das Café. Als ich gehe und mich noch einmal nach meinem leeren Stuhl umblicke, ist es nicht sicher, daß ich dort gesessen habe. BP, 106f.

Wer ständig reist, ist stets irgendwo anders – das gilt für einen selbst – und damit stets abwesend – das gilt für die anderen, die Freunde; denn für sich selbst ist man zwar »irgendwo anders« und damit auch irgendwo *nicht*, aber man ist auch ständig und immer irgendwo, nämlich bei sich selbst. So einfach das auch klingen mag – es dauert lange, bis man es ganz begreift. Denn da sind immer die anderen, die mit ihrem Unverständnis an einen herantreten. Ich weiß nicht, wie oft ich mir schon Pascals Diktum »Das Unglück in der Welt kommt daher, daß die Menschen es keine vierundzwanzig Stunden in ein und demselben Raum aushalten« habe anhören müssen, bis mir langsam klar wurde, daß im Grunde ich es war, der immer zu Hause war, das heißt: bei mir selbst. GW 8, 11

Reisen ist etwas, das man lernen muß, es ist eine fortwährende Interaktion mit anderen, während man gleichzeitig immer allein ist. Das ist das Paradox beim Reisen: Man bewegt sich allein in einer Welt, die von anderen verwaltet wird. Sie sind diejenigen, denen die Pension gehört, in der man ein Zimmer möchte, die entscheiden, ob für einen noch Platz in dem Flugzeug ist, das nur einmal in der Woche geht, sie sind die Ärmeren, die an einem etwas verdienen können, sie sind die Mächtigeren, weil sie einem einen Stempel oder ein Papier verweigern können, sie sprechen Sprachen, die man nicht versteht, sie stehen neben einem auf einer Fähre oder sitzen neben einem im Bus, sie verkaufen einem etwas zu essen auf dem Markt und schicken einen in die richtige oder die falsche Richtung, manchmal sind sie gefährlich, meist jedoch nicht, und das alles muß man lernen: was man tun muß, was man unterlassen sollte und was man unter keinen Umständen tun darf; man muß lernen, mit ihrer Betrunkenheit umzugehen und mit der eigenen, man muß in der Lage sein, eine Geste und einen Augenaufschlag zu erkennen, denn so allein man auch reist, man wird immer von anderen umgeben sein; von ihren Blicken, ihrer Annäherung, ihrer Verachtung, ihrer Erwartung, und überall ist es anders, und nirgendwo so, wie man es gewöhnt war in dem Land, aus dem man kommt. Dieses langsame Erlernen dessen, was ich später einmal in Birma und Mali, in Persien und in Peru brauchen sollte, hat dort begonnen, und auch das wußte ich damals noch nicht, ich war zu sehr damit beschäftigt, mich in der Flut der Eindrücke zu behaupten, ich hatte keine Zeit, über mich selbst nachzudenken, ich reiste und schrieb wie einer, der noch nicht reisen und schreiben konnte. Nur schauen konnte ich bereits, und ich versuchte, das Gesehene mit Worten zu umkreisen, ich hatte keine Theorien über die Welt, anhand deren ich die verwirrende Wirklichkeit, die mich umgab, hätte überprüfen können, und all das, was ich noch nicht konnte, tritt in diesen Geschichten deutlich zutage. GW 7, 27f.

Es gibt zwei Arten von Hotelzimmern – die, in welche man nur einmal kommt, und die, in welche man, warum auch immer, stets wieder zurückkehrt. In der ersten Kategorie sind die anderen Besucher übermächtig anwesend, eine unsichtbare, unabsehbare Menschenmenge liegt koitierend, schnarchend, weinend, lesend, sich herumwälzend, masturbierend, rauchend, denkend in deinem Bett, das deswegen auch nie *dein* Bett wird. Du gehst auf ihre Toilette, wäschst dich unter ihrer Dusche und drückst deine Kippen in ihrem Aschenbecher aus. Du *darfst* da sein, das ist alles.

Das Hotelzimmer, in dem ich jetzt sitze, gehört der zweiten Kategorie an. Ich bin mehrere Male im Jahr hier, ich weiß, daß der Boden neben dem Fußende des Bettes knarrt und daß sich die Schiebetür des Kleiderschranks sanft, aber unerbittlich zurückschiebt, sobald man sie öffnet. In diesem Zimmer ist der Gedanke an andere Menschen völlig verschwunden, es ist *mein* Zimmer, unvorstellbar, daß hier jemand anders schlafen könnte. Wenn ich aufstehe und den Vorhang öffne, sehe ich die Place de l'Odéon mit dem wunderbaren Théâtre de France, ich sehe den Platz leer, ich sehe ihn voller altmodischer Autos, ich sehe ihn mit roten Transparenten, vor zwanzig Jahren, vor zehn Jahren, jetzt. Nachts zeigt das dünne, zarte Geräusch der Uhr des Senats, hinter mir, im Jardin du Luxembourg, an, wie spät es ist, ich höre den ersten Bus, ich sehe, wie der *écailleur* des großen Restaurants auf der gegenüberliegenden Straßenseite seine ersten Austern öffnet, ich erkenne Françoise' Stimme auf den Fluren, wenn sie die Zimmer macht und meines vorläufig noch ausläßt. Manchmal, wenn ich irgendwo anders bin, sehe ich diesen Raum ganz deutlich vor mir, leer und wartend, ein Teil meines Territoriums, das ich dem Rest der Welt entrungen habe: die geblümten Vorhänge, die zuviel Licht durchlassen, das beige Telefon, das zu hoch über dem Bett hängt, so daß man aufstehen muß, wenn es läutet, das verschlissene, blutige Rot des Teppichbodens, der schwarze, mit Kunststoff bekleidete Stuhl, auf dem man nicht sitzen kann, die Zeitungen auf dem Fußboden, mein Zwillingsbruder, der Koffer, schlafend in seiner Ecke, der kleine Tisch, auf dem meine Bücher liegen, immer derselbe kleine Tisch, immer andere Bücher. Die Fenster, von denen die weiße Farbe abblättert, schließen nicht ganz, ich höre die unsichtbaren Stimmen meiner stets anderen Nachbarn, es gibt hier kein Radio und keinen Fernseher.

Unten am Empfangsschalter sitzt der junge Herr Mouton. Früher saß dort der alte Herr Mouton, aber die Begrüßung ist die gleiche geblieben: »Bonjour, Monsieur Buhm!« Damit kann ich jederzeit den Tag beginnen. Jemand, der Buhm heißt, geht beschwingten Schrittes auf die Straße hinaus, und auch die Straße gehört mir, es sind meine Buchhandlungen, meine Kneipen, wo all die Menschen, die gleichzeitig mit mir alt werden, zu denselben Zeiten hinein- und hinausbummeln. GW 5, 113f.

Vielleicht ist es so, daß der wahre Reisende sich stets im Auge des Sturms befindet. Der Sturm ist die Welt, das Auge ist das, womit er die Welt betrachtet. Aus der Meteorologie wissen wir, daß es in diesem Auge ruhig ist, vielleicht so ruhig wie in einer Mönchszelle. Wer lernt, mit diesem Auge zu schauen, lernt vielleicht auch, das Wesentliche vom Unwesentlichen zu unterscheiden, und sei es nur, weil er sieht, worin sich Dinge und Menschen unterscheiden und worin sie sich gleichen. Baudelaire hat geschrieben, daß Reisende fortgehen, um fortzugehen, und er hat auch über die falschen Vorstellungen geschrieben, die sie sich bei diesem Fortgehen machen, sowie über das »bittere Wissen«, das ihnen von ihren Reisen bleibt, über »die kleine, eintönige Welt, die uns gestern, heute, morgen ein Bild unserer selbst vor Augen hält: eine Oase des Schreckens in einer Wüste der Langeweile«. Doch wenn man es so sehen will, dann ist vielleicht gerade jener, der daheim bleibt in der vertrauten Anekdotik des täglichen Lebens, derjenige, der flüchtet, weil er dieses bittere Wissen nicht ertragen kann. Mir kommt es nicht darauf an, wer hier der Held ist, sondern wer das tut, was seine Seele ihm aufträgt – um welchen Preis auch immer.

GW 8, 13

Man wird zu dem, was man wirklich ist, zu einem totalen Außenseiter, jemand, der nirgendwo hingehört. Für mich zumindest läuft das auf ein Gefühl von fast metaphysischer Gelassenheit hinaus. Das Reisen wird dann das, was es wirklich ist, ein Symbol für diese größere Reise, von der wir, wenn wir ganz ehrlich sind, auch nicht sehr viel verstehen: die Reise durch dieses irdische Tal der Tränen. GW 8, 21

Vielleicht ist dies die tiefste Melancholie des Reisenden, daß sich in die Freude der Rückkehr stets etwas mischt, das sich schwerer beschreiben läßt: daß das, was man so vermißt hat, auch ohne einen weiterexistiert hat, daß man, um es wirklich bei sich zu haben, für immer dort bleiben müßte, wo es sich befindet. Doch dadurch müßte man jemand werden, der man nicht sein kann, einer, der daheim bleibt. Der wahre Reisende lebt von seiner Zerrissenheit, von der Spannung zwischen dem Wieder-Finden und Wieder-Loslassen, und gleichzeitig ist diese Zerrissenheit die Essenz seines Lebens, er gehört nirgendwohin, dem Überall, wo er sich ständig aufhält, wird stets etwas fehlen, er ist der ewige Pilger des Fehlenden, des Verlustes. GW 4, 487f.

Weg

Ich bin der Weg.

Ich ziele wie ein Pfeil
auf die Ferne,
aber in der Ferne
bin ich
weg.

Wenn du mir folgst,
hierher, dorthin, hierher,
findest du hin,
wie auch immer.

Weg ist weg.

GW 1, 163

Orte, Wege

Manche Ortsnamen sind von einem Schleier umgeben, der nicht mehr wegzukriegen ist, das »Rauschen« nennt Roland Barthes das in seinen späten Sprachessays. Das Rauschen, das, was immer mitklingt. Das Niederländische hat ein schönes Wort dafür: *roep*, Ruf, das, was man über einen Ort bereits gehört und gelesen hat, bevor man überhaupt dorthin kommt. Beim Entdecken dieses Ortes bleibt stets eine Deckschicht darüber liegen, das, was bereits vor einem beschlossen war. Florenz, Kioto, Isfahan, man sieht sie durch den Schleier ihres Rufes, den sie bestätigen oder nicht bestätigen.

GW 6, 489

Holland Die Nördliche Landschaft hat wie die Wüste etwas Absolutes. Nur ist die Wüste in diesem Fall grün und voller Gewässer. Sonst aber gibt es keine Versuchungen, Rundungen oder Wölbungen. Das Land ist flach, was zu einer extremen Sichtbarkeit der Menschen führt, und dies wiederum wird in deren Verhalten sichtbar.

Niederländer gehen nicht miteinander um, sie begegnen einander. Sie bohren ihre hellen, leuchtenden Blicke in die Augen des anderen und prüfen seine Seele. Es gibt keinerlei Schlupfwinkel. Auch ihre Häuser sind es nicht. Sie machen ihre Vorhänge nicht zu und halten dies für eine Tugend.

GW 3, 9f.

Amsterdam, 1200

Zwischen Meer und Meer
die Groden
hinter Deichen aus Tang.

Wassermenschen, Landmacher,
schwarze Engel,
Ahnen, rutschend über den Schlick.

Sie sind die ersten.
Sie träumen Mauern aus Treibholz
in den wandernden Fluß.

Ame, Wasser.
Stelle, sicherer Ort.

Der Name ihrer flüssigen
Stadt.

GW 1, 103

Amsterdam

Woraus besteht eine Stadt? Aus allem, was in ihr gesagt, geträumt, zerstört, geschehen ist. Aus dem Gebauten, dem Verschwundenen, dem Geträumten, das nie verwirklicht wurde. Aus dem Lebenden und dem Toten. Aus den Holzhäusern, die abgerissen wurden oder verbrannten, den Palästen, die hier hätten stehen können, der Brücke über das IJ, die zwar gezeichnet, aber nie gebaut wurde. Aus den Häusern, die hier noch heute stehen, in denen Generationen ihre Erinnerungen zurückgelassen haben. Aber sie ist viel mehr als dies.

Eine Stadt, das sind alle Worte, die dort je gesprochen wurden, ein unaufhörliches, nie endendes Murmeln, Flüstern, Singen und Schreien, das durch die Jahrhunderte hier ertönte und wieder verwehte. Mag es auch noch so entschwunden sein, es hat doch einmal dazugehört, auch das, was sich nie mehr rekonstruieren läßt, ist ein Teil davon, einfach deshalb, weil es einst hier, an diesem Fleck, in einer Winternacht oder an einem Sommermorgen gerufen oder ausgesprochen wurde. Die Wanderpredigt, das Urteil des Tribunals, der Schrei des Gegeißelten, das Bieten auf einer Versteigerung, die Verordnung, der Anschlag, die Kundgebung, das Pamphlet, die Bekanntgabe eines Todesfalls, das Ausrufen der Zeit, die Worte von Nonnen, Huren, Königen, Regenten, Malern, Schöffen, Henkern, Schiffern, Landsknechten, Schleusenwärtern und Baumeistern, dieses fortwährende Gespräch an den Grachten im lebenden Körper der Stadt, das alles macht sie aus. Wer will, kann es hören. Es lebt fort in Archiven, Gedichten, in Straßennamen und Sprichwörtern, im Wortschatz und Tonfall der Sprache, genauso wie die Gesichter auf den Gemälden von Hals und Rembrandt in den Gesichtern fortleben, die wir heute sehen, und wie unsere Worte und Gesichter zwischen all diesen Worten und Gesichtern verschwinden werden, erinnert und nicht erinnert, verweht, vergessen und doch noch gegenwärtig, eingeschlossen in diesem Wort, das die Stadt benennt: Amsterdam. (…)

Die Stadt ist ein Buch, der Spaziergänger sein Leser. Er kann auf jeder beliebigen Seite beginnen, vor- und zurückgehen in Raum und Zeit. Das Buch hat vielleicht einen Beginn, aber noch lange kein Ende. Seine Wörter – das sind Giebelsteine, Baugruben, Namen, Jahreszahlen, Bilder. (…)

Der Spaziergänger bleibt an einer Baugrube stehen und sieht zu, wie Archäologen die Erde sieben, durchkämmen, mit behutsamen Fingern nach der Vergangenheit graben, auf der Suche nach Zeichen der Vorfahren. Er staunt, daß sie so tief unten lebten. Wird die Erde denn immer dicker? Er fragt sich, ob er die Sprache dieser anderen, früheren Amsterdamer verstanden hätte. Später sieht er die Funde in einem Museum, Schuhe, die als Schuhe erkennbar sind, er könnte hineinschlüpfen und sie tragen. Schuhe, Schalen, Hämmer, Geld. Doch die Vergangenheit – sie ist nicht nur dort unten, sondern auch oben, an den Giebeln mit ihren Darstellungen von Walfischzähnen, Indianern, Sinnbildern, Handelswaren, Sklaven, Schiffen. Jeder, so scheint es, hatte in jenen Tagen etwas mit Schiffen zu tun, jeder gehörte zum Wasser, demselben Wasser, das noch immer dunkel und geheimnisvoll in den Grachten steht und das außerhalb der Stadt um so vieles wilder und grauer war, das Wasser des Weltmeers, auf dem die Schiffe bis dicht vor die Tore der Stadt gesegelt kamen, »ein Wald aus tausend Masten«.

Auf der alten Karte von Cornelis Antoniszoon aus dem Jahr 1544 kann der Spaziergänger die Stadt mitsamt ihren Schiffen sehen. Erst wenige Grachten durchziehen die Fläche zwischen den Stadtmauern. Noch ist die große Zeit des Goldenen Jahrhunderts nicht gekommen, und doch ist das IJ bereits voll von Schiffen. An der Stelle, an der später der Hauptbahnhof liegen wird, können die kleineren Schiffe in die Stadt einlaufen, die größeren bleiben auf Reede, und es sind Dutzende. Die beiden großen Kirchen stehen sicher eingebettet zwischen den Häusern, jede auf ihrer Seite des Wassers, wie heute noch. Das breite Wasser des Damrak ging bis dorthin, wo heute der Königliche Palast steht, und teilt die Stadt in zwei Teile, die »alte Seite« und die »neue Seite«. Der Spaziergänger erkennt Gebäude, die Zeichnung der Straßen. Die Stadt hat sich für ihn bewahrt, er spaziert dort jeden Tag; wo im 17. Jahrhundert sein Haus hinkommen wird, steht jetzt noch eine rote Mühle, dort ist das grüne Land, das die Stadt umschließt, die jedesmal wieder über das Wasser der nächstfolgenden Gracht springen wird, so daß sie von Karte zu Karte größer ist. Größer, weil Ruhm und Wohlstand mit den neuen Schiffen der Handelskompanien zunahmen. Zuerst kam die Gracht der *Heren*, die die Macht der Kaufleute festigten, und erst danach die der *Keizers* und der *Prinsen*. Und die anderen, schräger verlaufenden Grachten mit den Namen von Bäumen und Blumen, *Lelie*, *Eglantier*, *Roos* und *Laurier*, Lilie, Weinrose, Rose und Lorbeer, zwischen denen das Volk in einem Viertel lebte, das – als Verballhornung des französischen Worts *jardin*, Garten – *de Jordaan* heißt, Schiffszimmerleute, Schauerleute, Matrosen, die Männer mit den lauten Stimmen, die den Duft der großen Welt in die schmalen Straßen trugen.

GW 4, 11 ff.

Eine Stadt ist stets die Summe ihrer eigenen Vergangenheit, in der man selbst nur einen flüchtigen Platz einnimmt, den des anonymen Passanten auf einem alten Stich, ein gerade noch sichtbarer kleiner Teil der Unzähligen, die bereits nicht mehr sind und doch alle zusammen jene geistige Stadt erschaffen haben, die es neben der anderen, so viel besser nachweisbaren materiellen Stadt gibt: das Klima, die Atmosphäre. GW 4, 22

Es wird Abend in der Stadt. Die Lichter in den Räumen der Grachtenhäuser machen alles kleiner, ein Wohnzimmer. Hier herrscht die leichte Melancholie von Hafenstädten, weil immer Heimweh in der Luft liegt. Der Spaziergänger, der ich bin, geht am Palast am Dam vorbei, der früher einmal, als er gebaut wurde, alles so hoch überragte. Auf mehr als dreizehntausend Pfählen steht er in dem noch immer genauso sumpfigen Boden, dem von *Amestelle* ganz zu Anfang. 1948 erlebte ich hier als Junge, wie »die alte Königin« nach fünfzigjähriger Regierungszeit auf den Thron verzichtete. Wo heute die breiten Straßen sind und eine späte Straßenbahn fährt, lagen noch im vorigen Jahrhundert Schiffe, bis hinein ins Herz der Stadt. Ich weiß, wo damals die Börse stand und die spätere und die noch spätere, wo die Waage war und der Fischmarkt, wo die zum Tode Verurteilten gerädert wurden und das Getreide verkauft. Jetzt gehe ich die Grachten entlang, wo die Dichter gingen, die in meiner Geheimsprache schrieben und die kein Ausländer lesen kann, Hooft, Vondel, Bredero, Hoornik, Slauerhoff. Ich gehe an den Patrizierpalästen vorbei, die heute Bürohäuser sind, an den Handelshäusern des zerronnenen Imperiums, sehe an irgendeiner Fassade das geniale Zeichen der *Vereenigde Oost-Indische Compagnie*, und in den dunklen, schmalen Straßen des Jordaan-Viertels gehe ich an den Häusern der Namenlosen von damals vorbei, ohne die es dieses untergegangene Weltreich nie gegeben hätte. Nichts ist unverändert geblieben, alles ist unverändert. Es ist meine Stadt, ein Zeichen für Eingeweihte. Sie wird sich dem Fremden nie ganz erschließen, der die Sprache und die Geschichte nicht kennt, weil es gerade die Sprache und die Namen sind, die die geheimen Stimmungen, geheimen Orte, geheimen Erinnerungen bewahren. Offene Stadt, verschlossene Stadt. Eine für uns, eine für die anderen. Eine Stadt am Wasser, eine Stadt der Menschen, von Menschen und Wasser erdacht und geschrieben. Eine Stadt vieler Zeiten und eine Stadt in der Zeit. Eine Stadt, die es zweimal gibt, sichtbar und unsichtbar, aus Stein und Holz und Wasser und Glas und außerdem aus noch etwas, das sich mit Worten nicht benennen läßt.

GW 4, 15f.

Städten, in denen die Vergangenheit noch sehr präsent ist, muß man sich behutsam nähern, jedenfalls beim ersten Mal. Sie ertragen es nicht, daß man sich mit einem allzu aufdringlichen Zeitmaß in ihre Trägheit mischt. Oder es ist ihnen gleichgültig, und man selbst erträgt es nicht, auch das ist möglich. GW 5, 137

MENORCA Ein Wintertag in Amsterdam. In *El País* gesehen, daß es auf meiner Insel neun Grad sind und daß es regnet. Heimweh habe ich nicht oft, aber doch das schmerzliche Bewußtsein, ein Doppelleben zu führen. Eines hier und eines dort. Wenn es schlimm wird, schließe ich die Augen und denke an meinen Garten. Ich sehe ihn vor mir, und dann sehe ich auch mich selbst: wie ich die Pforte öffne und hineingehe, nach links, an den paar kümmerlichen Papyruspflanzen vorbei, mit denen ich mir den Sommer über immer so viel Mühe gebe. Sie wollen nicht so recht, mögen meine Abwesenheit nicht. Hohe grüne Stengel haben sie und ganz oben einen Stern aus schmalen Blättern. Es sind nur einige wenige, jedes Jahr, wenn ich wiederkomme, sind ihre Blätter an den Spitzen vertrocknet, dann müssen sie wieder aufgepäppelt werden. Ich habe sie nicht selbst gepflanzt, folglich stehen sie da schon sehr lange. (...)

Ein Garten, der einem am Herzen liegt, um den man sich aber einen Großteil des Jahres nicht kümmern kann, hat etwas Trauriges. Als Gärtner tauge ich wenig, aber daran ist nicht mangelnde Liebe schuld. »Ein glücklicher Mensch, vom Zweifel überrascht« ist eine der schönsten Gedichtzeilen von Hugo Claus, und dieser Zweifel befällt mich, wenn ich während des niederländischen Winters an meinen Garten denke. Winter bedeutet auf der Insel Regen, Regen ist Wasser, und Wasser bedeutet, daß der Garten, der während der Zeit meiner Anwesenheit zuweilen eine wüstenartige Dürre aufweist, plötzlich zu leben beginnt. Bei den seltenen Malen, die ich im Winter auf die Insel komme, erkenne ich ihn nicht, er lacht mich aus, morgens ist das hohe Gras, das plötzlich aus dem Nichts erschienen ist, klatschnaß vom Tau, Vögel suchen nach Würmern, die Eidechsen mit ihren alten Gesichtern, die sonst auf der Mauer Spinnen oder Fliegen auflauern, gebärden sich jetzt wie winzige Dinosaurier in einem Urwald. Wenn die Sonne scheint, beginnt alles zu dampfen, hohe Lilien (die, wenn ich wiederkomme, nur ihre tristen braunen Leichen zurückgelassen haben) stehen frohlockend zwischen den Fettpflanzen, die ihre Demut abgelegt haben und jetzt plötzlich gelbe Blüten tragen. Unkraut in vielen Völkern, Stämmen und Rassen. (...) Es hat Jahre gebraucht, bis ich meinen Garten auch nur ansatzweise verstand und seinen Groll ob meiner Abwesenheit ertragen konnte. GW 9, 479ff.

Santiago Riten der Einkehr. Ich merke, daß ich diese lächerlich altmodischen Worte vor mich hinmurmele. Manchmal sind die Worte noch vor dem Gedanken da, oder zumindest scheint es so. Und natürlich, alles tut sich zusammen, um diesen Gedanken heraufzubeschwören, der Ort, an dem ich mich gerade befinde, die Landschaft tief unter mir, das verlassene Zisterzienserkloster, auf das ich schaue, der eiskalte Februarwind, der an meinen Kleidern zerrt, der jahrhundertealte Eisenbeschlag an dem Tor, durch das ich gleich eintreten werde. Katalonien, Monasterio Santes Creus, zum soundsovielten Mal habe ich mich durch einen Namen, ein Wort vom vorgenommenen Weg abbringen lassen. Ich hatte doch vorgehabt, zum Kloster Veruela zu fahren, wo ich einst, vor gut zehn Jahren, den ersten all dieser Umwege begann? Nach Santiago wollte ich fahren, aber die Wege teilten sich wie die Stränge eines reißenden Taus, ein Jahr kam zum anderen, ich entfernte mich immer weiter von meinem Ziel, ließ mich immer tiefer in ein Spanien hineinziehen, das sich veränderte, und in eine Landschaft, die sich nicht veränderte.

Einkehr – könnte das auch bedeuten, daß man sich immer weiter in etwas hineinbewegt, daß man, selbst wenn die Wege nach Süden oder Westen führen, das Gefühl hat, immer tiefer in die Seele eines Landes einzudringen, und daß sich dort etwas befindet, das man in keinem anderen Land, so viele man auch schon bereist hat, je antreffen konnte? Vierzig Jahre geht das nun schon so, es ist, neben dem Schreiben, die konstanteste Linie in meinem Leben. Und ein Jahr ohne die Leere dieses Landes, ohne die Farben der Erde und Felsen ist ein verlorenes Jahr.

Vor zehn Jahren wollte ich nach Santiago fahren, und natürlich bin ich dort angelangt, nicht nur einmal, sondern mehrere Male, und gleichzeitig war ich nicht dort gewesen, weil ich nicht darüber geschrieben hatte. Immer hatte es etwas anderes gegeben, worüber geschrieben oder nachgedacht werden mußte, einen Schriftsteller oder einen Maler, eine Landschaft, einen Weg, ein Kloster, und doch schien es, als wiesen all diese Landschaften, all diese Geschichten von Mauren und Königen und Pilgern, oder alle eigenen Erinnerungen sowie die geschriebenen Erinnerungen anderer in *eine* Richtung, auf den Landstrich, wo Spanien und der ozeanische Westen einander berühren und die Stadt liegt, die bei all ihrer galicischen Abgeschiedenheit die eigentliche Hauptstadt Spaniens ist.

Noch ein Mal will ich diese Reise nun machen, und auch jetzt weiß ich, daß ich die direkte Linie nicht einhalten werde, daß Weg für mich nie etwas anderes bedeuten kann als

Umweg, das ewige, selbstgeschaffene Labyrinth des Reisenden, der sich immer wieder von einem Seitenweg und von einem Seitenweg dieses Seitenwegs verleiten läßt, von dem Geheimnis des unbekannten Namens auf einem Wegweiser, von der Silhouette des Kastells in der Ferne, zu dem kaum ein Weg führt, von dem, was vielleicht hinter dem nächsten Hügel oder Bergrücken zu sehen sein wird.

Vielleicht ähnelt dies noch am ehesten einer Liebesgeschichte, samt all dem Unerfindlichen und Unerklärlichen, das dazu gehört. Und diese Geliebte verläßt einen nicht, das ist der Unterschied. Was tue ich, wenn ich hier bin? Ich suche dieselben Empfindungen wie vor dreißig und zehn Jahren und weiß, daß ich sie finden werde. Was sich verändert hat, sieht man zumeist an den Städten: Sie sind voller, moderner geworden, das Land leerer. Natürlich sieht man auch dort Zeichen der neuen Zeit, doch außerhalb der Dörfer liegen die Ebenen, die Tafelberge, die Täler unverändert. Jetzt bin ich noch in Katalonien, heute abend in Aragonien, und je weiter ich mich von der Küste entferne, um so weiter, offener wird sich die Landschaft ausdehnen, sie wird trockener, immer weniger auf sich ertragen, bis der Reisende ein einsamer Schwimmer in einem Meer von Erde wird, das sich bis an den Horizont erstreckt, und diese Erde wird die Farben von Gebeinen, Sand, zerbröckelten Muscheln, rostigem Eisen, vermodertem Holz haben, doch sogar über den dunkelsten Farben wird ein Licht liegen, das in der Ferne zu einem Schleier wird, als müsse das Auge vor so viel Weite und Licht geschützt werden. Und in der Ferne liegen Kirchen und Klöster, die der sichtbaren Unendlichkeit entsprechen, die etwas über ein undenkbares Früher erzählen wollen, das die heißen und kalten Lüfte eines extremen Klimas für denjenigen bewahrt hat, der es sucht. Irgendwann, als mir diese Dinge noch nicht bewußt waren, müssen diese Landschaften in mich eingedrungen sein, Antwort auf eine Sehnsucht nach Unendlichkeit, die außerhalb des Meeres oder der echten Wüste nirgends mehr zu finden ist. Ich weiß, daß diese Ausdrucksweise nicht mehr in diese Zeit gehört, aber das kümmert mich nicht, in diesem Punkt will ich gern falsch verstanden werden. Denn zu wem sollte man sonst von Erfüllung oder Erleuchtung sprechen?

GW 4, 458ff.

Berlin Er ging in Richtung Schillerstraße. Es gab nur zwei Städte, die einen so zum Laufen herausforderten, Paris und Berlin. Das stimmte natürlich auch wieder nicht, er war sein ganzes Leben lang überall viel zu Fuß gegangen, doch hier war es anders. Er fragte sich, ob das durch den Bruch kam, der durch beide Städte lief, wodurch das Zufußgehen den Charakter einer Reise, einer Pilgerfahrt bekam. Bei der Seine wurde dieser Bruch durch Brücken gemildert, und dennoch wußte man immer, daß man irgendwo anders hinging, daß eine Grenze überschritten wurde, so daß man, wie so viele Pariser, auf seiner Seite des Flusses blieb, wenn keine Notwendigkeit bestand, das eigene Territorium zu verlassen. In Berlin war das anders. Diese Stadt hatte mal einen Schlaganfall erlitten, und die Folgen waren noch immer sichtbar. Wer von der einen Seite in die andere ging, durchquerte einen merkwürdigen Riktus, eine Narbe, die noch lange zu sehen sein würde. Hier war das trennende Element nicht das Wasser, sondern jene unvollständige Form der Geschichte, die Politik genannt wird, wenn die Farbe noch nicht ganz trocken ist. Wer dafür empfänglich war, konnte den Bruch fast körperlich spüren.

Er trat auf die endlose Fläche des Ernst-Reuter-Platzes, sah, daß die hohen Metallampen in der Bismarckstraße (»das einzige, was von Speer übriggeblieben ist«) brannten, so daß die dahintreibenden, sich selbst nachjagenden Schneeböen dort kurzzeitig zu Gold wurden. Ihn fröstelte, aber nicht vor Kälte. Wie lange war es jetzt her, daß er zum erstenmal in Berlin war? Als Praktikant mit einem Team vom niederländischen Sender NOS, das über einen Parteitag im Osten berichten sollte. So etwas konnte man schon jetzt nicht mehr erklären. Wer es nicht miterlebt hatte, konnte es nie mehr nachempfinden, und wer es mitgemacht hatte, wollte nichts mehr davon wissen. So etwas gibt es, Jahre, in denen die Ereignisse dahinrasen, in denen Seite 398 Seite 395 schon längst vergessen hat und die Wirklichkeit von vor ein paar Jahren eher lächerlich als dramatisch wirkt. Es war ihm aber noch bewußt, die Kälte, die Bedrohung. Brav hatte er zusammen mit den anderen auf einem Holzpodest gestanden, um über das Niemandsland hinweg in die andere Welt zu blicken, in der er am Tag zuvor noch gedreht hatte. Selbst das war ihm damals unmöglich erschienen. Nein, darüber konnte man nichts Vernünftiges sagen, auch heute noch nicht. Wenn die steinernen Zeichen, Ruinen, Baugruben, leeren Flächen nicht gewesen wären, hätte man noch am besten alles als Produkt einer krankhaften Phantasie abtun können.

Später war er häufiger in die erdachte Stadt zurückgekehrt, mitunter Monate am Stück. Er hatte Freunde gewonnen, die er gern wiedersah, bekam gelegentlich einen Auftrag vom SFB, doch nichts konnte erklären, weshalb diese geheime Liebe nun ausgerechnet Berlin galt und nicht Städten, in denen es angenehmer oder spannender war, wie zum Beispiel Madrid oder New York. Es mußte etwas mit der Größe zu tun haben, wenn er durch die Stadt ging, wußte er genau, was er damit meinte, ohne daß er jemand anders eine befriedigende Erklärung dafür hätte liefern können. »Ich bin überall ein bißchen ungern.« Dieser Satz war in ihm haften geblieben, weil er ihn so gut nachempfinden konnte. In diesem *ungern*, das man überall mit sich herumtrug, steckte eine essentielle Melancholie, die einem nicht viel nützte, doch hier ging die eigene Melancholie scheinbar eine Verbindung mit einem anderen, widerspenstigeren und gefährlicheren Element ein, das man vielleicht auch als Melancholie bezeichnen konnte, dann freilich eine der Dimensionen, der breiten Straßen, durch die ganze Armeen marschieren konnten, der pompösen Gebäude und der leeren Räume zwischen ihnen sowie des Wissens um das, was in diesen Räumen gedacht und getan worden war, eine Häufung ineinandergreifender und sich gegenseitig verursachender Bewegungen von Tätern und Opfern, ein Memento, in dem man Jahre umherstreifen könnte. Die Berliner selbst hatten, wahrscheinlich aus Selbsterhaltungsgründen, dafür keine Zeit. Sie waren damit beschäftigt, die Narben abzutragen. Doch was für ein unerträgliches Gedächtnis müßte man schließlich auch haben, um das zu können? Es würde an seiner eigenen Schwerkraft zugrunde gehen, zusammenbrechen, alles würde in ihm verschwinden, die Lebenden würden zu den Toten gesogen. GW 3, 281ff.

PARIS – PROVINZ Wie immer, wenn ich eine Zeitlang in einer Großstadt verbracht habe, kommt tiefe Sehnsucht nach der Provinz in mir auf. Bilder von leeren winterlichen Hotels in kleinen Provinzstädten, Regen in den Bergen und auch sonst viel verzaubernde Einsamkeit. Have car, will travel. (Froh, daß ich fahren kann.) Am selben Abend noch verlasse ich die Stadt und fahre Richtung Tours. Abergläubische Franzosen haben mir erzählt, daß man nirgends so gut Fleisch essen kann wie im 19. und im 20. Arrondissement, da sich dort die Schlachthöfe befinden (oder befanden?). Die Restaurants in dieser Gegend heißen folglich Au Bœuf Couronnéœ, Le Bœuf Gras, Au Cochon d'Or, La Pièce de Bœuf, Le Veau d'Or, Bœuf Gros Sel. Da es schon ziemlich spät ist, esse ich noch, bevor ich auf den Boulevard Périphérique fahre; nicht sehr vernünftig, denn eine Stunde später fädele ich mich singend, eine große Zigarre am Kopf, in die wild gewordenen Lichter des wahnwitzigen Freitagabendverkehrs ein, achtspurige Straßen, Tunnel, Schlangen, Schemen von Wohntürmen zu beiden Seiten, man könnte meinen, in New York zu sein. Am späten Nachmittag des nächsten Tages stehe ich auf der großen Fähre, die in einer halben Stunde die Gironde-Mündung zur Nordspitze von Les Landes überquert. Ich habe in Tours übernachtet, einen Schlummertrunk im »Baudelaire«, einer schwarzen Spelunke mit tödlich glänzendem Resopal und Plastikpalmen, getrunken, angestarrt von Einheimischen mit Revierangst, bin aber gerade noch um eine Tracht Prügel herumgekommen, bin im Hotel de Bordeaux von einem Greis zu Bett gebracht worden, der soeben aus zehnjähriger grauenvoller Nachtruhe erwacht war, habe den Regionalboten mit all seinen Katastrophen und Vergewaltigungen gelesen, als erster Kunde im Kaufhaus zu den Klängen von Jacques Brel in der allgemeinen Verwirrung des Tagesbeginns eine Tube Rasiercreme geklaut (vier Francs), im eiskalt durchwehten La Rochelle an einem mittelalterlichen Kai sechs Sorten Fisch, auf einem Lauchbett gedünstet, gegessen, habe gesehen, daß die hiesigen Austern an einem Wagen draußen einen Gulden pro Kilo (!) kosten, und stehe jetzt auf der Fähre in einem Sturm, der den Ozean leerfegt und graue Wolkenheere aufeinander jagt, als sollten sie sich gegenseitig rammen.

In der Mitte des Flusses ist das Land vor und hinter uns nahezu unsichtbar, graue, sich bewegende Tücher, lose aufgehängt im Nichts. Drinnen ist alles genauso wie auf allen

Fähren. Die Frau mit dem Kaffee, die Wasserstände, ein verliebtes Paar, ein alter Mann mit einem Hund und all die anderen Mitglieder des Cast, die sich ebenfalls völlig grundlos an Bord befinden. Die Schiffssirene jault wie ein Hund, der sein Haus nicht finden kann. Ich gehe wieder an Deck und sehe, daß beide Ufer in einem plötzlichen Regenschauer verschwunden sind. Ich komme also nirgendwoher und fahre nirgendwohin. Unter mir auf dem Achterdeck steht die brave Form meines treuen Autos. Das Schiff schlingert sacht, und ich bin ziemlich glücklich. GW 5, 110ff.

Pointe du Raz Wo fahre ich hier eigentlich herum auf meiner Reise durch die Bretagne? Durch den Wald Brocéliande, durch das Land Ys, durch das Tal Ohne Rückkehr, durch welche mythischen Königreiche, in denen Zauberer umherstreifen, Riesen schlafen, Satan Kinder zeugt, Heilige Wunder tun und eine Sprache sich in harten, steinigen Wörtern vorm Rest der Welt verschließt? Die Bretagne war geheimnisvoll, und die gesamte keltische Welt ist es noch heute – das spanische Galizien, Irland, einige Inseln und Gegenden Schottlands. Die Legenden sind nicht zu zählen, und sie existieren noch heute in den grauen Dörfern, im schwarzen Meer, das an den Felsen frißt, in den düsteren Wäldern mit den totenstillen Weihern, in den Feldern mit diesen unerklärlichen hohen Steinen, geordnet von unbekannten Völkern, ausgerichtet zur Sonne oder nach den Gesetzen der Sonne, und niemand weiß genau, was sie da taten, geschweige denn, wie sie die Felsblöcke hingeschafft haben. Da fahre ich herum, eigentlich ohne Ziel, und um eines zu haben, wähle ich den westlichsten Punkt, Pointe du Raz, dort, wo Bag Noz, die Barke der Nacht, bei Sonnenuntergang vorbeifährt. Niemand ist an Bord, so scheint es. Oder liegt es am

Nebel, daß man niemanden sieht? Das Boot fährt unter dem Kommando des ersten Toten des Jahres. Ist es ein alter Mann, so werden in dem Jahr viele Kinder sterben. Ist der Kapitän ein Kind, so sind es die Greise, die im Nebel verschwinden werden. Es ist eine eigenartige Landschaft. Sie ist nicht so *offen* melancholisch oder geheimnisvoll, wie ich geglaubt hatte, hat sich aber in ihre eigenen Legenden eingesponnen. Schwere Wolken ziehen über sie hinweg, es regnet, und dann, plötzlich, wird es ganz grün unter der Sonne, die für einen Moment hervorlugt, es ist naß und voll von Blumen, violette und rote Kleefelder. Stille, kaum Verkehr, alte Dörfer mit einem Schweigen oder einer Lustlosigkeit, die ich der Einfachheit halber Langeweile nenne, jedenfalls mit etwas Langsamem; außerhalb der Dörfer fängt wieder die schwere Landschaft an mit dieser ehernen Sonne, die die Bleifarbe der nassen Schieferdächer mit einemmal aufleuchten läßt (sprach der Dichter). Nach halbtägiger Fahrt bin ich an der Pointe du Raz angelangt. Wenn ich nicht wüßte, daß die Welt kein Ende hat, wenn Wissen nicht Erde daraus gemacht hätte, so hörte die Welt hier auf, jämmerlich, wie ein gewaltiger Schrei hingeschleuderter Steine, in die der Ozean Löcher geschliffen hat, auf denen er bläst wie auf einer Flöte, dunkle, jagende Töne, wozu er selbst noch eine Trommel schlägt, die so groß wie die ganze Welt sein muß, so dröhnt es. Auf einem Felsen, zu dem ich nicht hinkomme, sitzen Möwen mit ihren Jungen – von Zeit zu Zeit steigt eine auf und fällt hundertmal aus ihrer eigenen Form, immer höher, den Sog des unsichtbaren Luftstroms markierend. Ihr Kreischen hallt ringsum wider. Zurück! In der Ferne verliert sich das Wasser im Himmel, oder ist es vielleicht gar nichts mehr, was ich jetzt noch sehe? Zurück, dorthin, wo die Felsen wieder das allerdünnste, härteste Gras auf sich dulden, ein endlos fahlgrünes Feld, auf dem große schwarze Raben sitzen, nichts wird uns erspart, oder? An diesem Tag gefiel es der göttlichen Natur, alle Register zu ziehen.

Und während es draußen schwarz wird, phantastisch und wahnsinnig zugleich, singt eine sehr hohe Männerstimme Purcell im Autoradio: »I attempt from love's sickness to fly in vain, since I am myself my own fever and pain.«

GW 7, 561f.

VENEDIG Palude del Monte, Bacino di Chioggia, Canale di Malamocco, Valle Palezza, wie herrlich wäre es, sich Venedig noch einmal zum erstenmal zu nähern: auf das Labyrinth zufahrend durch jenes andere Labyrinth der Sümpfe, zwischen Wassertieren, im morgendlichen Frühnebel, ringsum nichts als das Geräusch der Vögel und das Plätschern der Ruder, das brackige Wasser still und glänzend, die Vision in der Ferne noch verschleiert, die Stadt in ihr eigenes Geheimnis gehüllt. Palude della Rosa, Coa del Latte, Canale Carbonera, auf der großen Karte der Lagune wirken die Wasserwege wie fächelnde Algen, wie Pflanzen mit gewundenen, beweglichen Fangarmen, doch es sind Wasserwege im Wasser, Wege, die man kennen muß, wie ein Fisch seinen Weg kennt, Fahrrinnen im Wasser, das bei Ebbe wieder zu Land wird, nassem Land aus saugendem Schlamm, Jagdrevier des Dunklen Wasserläufers, des Rotschenkels, des Strandläufers auf ihrer ewigen Suche nach Würmern und kleinen Muscheln in deren Behausung aus Wasser und Sand. Sie waren die ersten Bewohner, und vielleicht, wenn die Stadt dereinst wie eine unendlich verlangsamte Titanic wieder im weichen Boden versinkt, auf dem sie jetzt noch zu schwimmen scheint, werden sie auch die letzten sein, als habe die Welt zwischen diesen beiden Augenblicken etwas geträumt, etwas Unmögliches, einen Traum von Palästen und Kirchen, von Macht und Geld, von Herrschaft und Niedergang, ein Paradies der Schönheit, das aus sich selbst vertrieben worden ist, weil die Erde ein so großes Wunder nicht ertragen konnte.

Die Ewigkeit können wir uns bekanntlich nicht wirklich vorstellen. Womit sie für meinen Menschenverstand noch am ehesten Ähnlichkeit hat, ist die Zahl tausend, wahrscheinlich wegen der runden Leere dieser drei Nullen. Eine Stadt, die schon länger als tausend Jahre existiert, ist eine greifbare Form der Ewigkeit. Ich denke, das wird der Grund dafür sein, daß die meisten Menschen sich hier ein wenig fremd bewegen, verirrt zwischen all den Schichten der Vergangenheit, die in dieser Stadt gleichzeitig alle zur Gegenwart gehören. Anachronismus ist in Venedig das Wesen der Dinge selbst, in einer Kirche aus dem 13. Jahrhundert betrachtet man ein Grab aus dem 15. und einen Altar aus dem 18. Jahrhundert, was die Augen sehen, ist, was die jetzt nicht mehr existierenden Augen Millionen anderer gesehen haben, und das ist hier durchaus nicht tragisch, denn während man schaut, reden sie weiter, man befindet sich fortwährend in der Gesellschaft Lebender und Toter, man nimmt teil an einer seit Jahrhunderten geführten Konversation. Proust, Ruskin, Rilke, Byron, Pound, Goethe, McCarthy, Morand, Brodsky, Montaigne, Casanova, Goldoni, da Ponte, James, Montale, wie das Wasser in den Kanälen umfließen einen ihre Worte, und wie das Sonnenlicht die Wellen hinter den Gondeln in tausend kleine Glitzerlichter zersplittern läßt, so echot und leuchtet in all diesen Gesprächen, Briefen, Skizzen, Gedichten das Wort »Venedig« auf, immer gleich, immer anders.

GW 5, 39ff.

Lissabon Es ist kühl hier oben, ich bin im Park hinter einem weißen Pfau hergegangen (warum gibt es nicht für *alle* weißen Tiere ein spezielles Wort, warum nur für Pferde?), als wäre das meine Lebensaufgabe, und jetzt sitze ich auf der Außenmauer des Kastells und blicke über die Stadt, den Fluß, die Fläche des Meeres dahinter. Oleander, Frangipani, große Ulmen. Neben mir sitzt ein Mädchen und schreibt. Das Wort Abschied umschwebt mich, und ich kann es nicht fassen. Diese ganze Stadt ist Abschied. Der Rand Europas, das letzte Ufer der ersten Welt, dort, wo der angefressene Kontinent langsam im Meer versinkt, zerfließt, in den großen Nebel hinein, dem der Ozean heute gleicht. Diese Stadt gehört nicht zum Heute, es ist hier früher, weil es später ist. Das banale Jetzt hat noch nicht begonnen, Lissabon zaudert. Das muß es sein, diese Stadt zögert den Abschied hinaus, hier nimmt Europa Abschied von sich selbst. Träge Lieder, sanfter Verfall, große Schönheit. Erinnerung, Aufschub der Metamorphose. GW 3, 199

Macau Grenzen sind geheimnisvoll, sie sind unsichtbar und sichtbar, sie sind in Büchern beschrieben, sie existieren wirklich. Auf dieser *Idee* einer Grenze, die der schmale Mann vor mir bewacht und die ich nicht überschreiten darf, grenzt Portugal an China, der König und der Kaiser sind verschwunden, ihre Länder sind noch da. Aber hier grenzt auch der Kapitalismus an den Kommunismus, auch an diesem fest umrissenen Fleck ist die Welt zweigeteilt, und weil die Welt rund ist, habe ich das zweimal gesehen. Genauso wie ich jetzt hier stehe, stand ich vor Jahren auf einem Podest an der Berliner Mauer und dachte, von hier aus geht es weiter bis nach China, und es stimmte, ich kann es sehen und gleichzeitig nicht sehen, es geht weiter bis an die Rückseite dieses verschleierten Tors, und das sind alles Hirngespinste, und alles ist wahr. GW 6, 237

Afrika Der Morgen ist kalt und neblig. Ich gehe hinaus in die Bibel. Was es an Sonne gibt, setzt die ockerfarbene Stadtmauer in Brand, und an ihr gehen die Jungen mit ihren Schafen, mit Reisigbündeln beladene Esel, Berber aus der Umgebung mit Waren für den Markt vorbei. Die Vögel murmeln in den Mandarinenbäumen, skandiert vom Hammer des Kupferschmieds. Männer lassen prüfend Getreide durch die Hand rieseln, Pferde werden beschlagen, eine Frau leckt schnell an frischem Tongeschirr, Kräuter werden wieder und wieder gewogen mit einem Gewicht, leicht wie eine Feder, der Schlangenbeschwörer hat so früh schon sein Publikum, beim Schlachter stehen die Kamelfüße ordentlich in Reih und Glied, *balek! balek!* schreit der Eseltreiber mit seiner Last von großen Brocken glitzerndem Salz, ich sehe die Welt, wie sie nicht mehr ist, Fleisch duftet aus hohen, spitz zulaufenden Tontöpfen in glühender Holzkohle, Frauen in langen schwarzen Gewändern und mit phantastischem Schmuck trennen die Spreu vom Weizen.

Was macht mich hier so glücklich? Vielleicht ist es die Stille, es gibt nur Geräusche von Menschen und Tieren. In einer Ecke des Marktes parken sämtliche Esel. In wenigen Jahren werden es Mopeds sein, noch später Autos. Aber jetzt noch nicht. Vielleicht ist es auch die Sichtbarkeit von allem: wie Dinge hergestellt werden. Schmiede, Gerber, Bäcker, alles schart sich um diesen Markt, Schreiber und Geschichtenerzähler, Bettler und Schlachter, der gesamte Kosmos auf einem Haufen, eine Welt, die in sich geschlossen ist, sich selbst bedient und versorgt, eine Welt im Lot, wie es scheint. Nur mit den Augen und der Stimme schlägt der Geschichtenerzähler einen Bombentrichter der Fiktion mitten in die Menge. Seine Zuhörer sind für die Welt verloren. In ihrer Aufmerksamkeit steckt eine schreckliche Unschuld. Die Stimme des Erzählers plätschert, stockt, jagt, schreit, verebbt wieder, und sie folgen ihr, von nichts abgelenkt. Das nenne ich Schreiben! Ich würde gern in dieser Menge versinken oder vielleicht auch nur dazugehören.

GW 6, 13f.

ASIEN Der Weg schlängelte sich zwischen niedrigen Hügeln dahin, links hörte er das Geräusch eines schnellen Flusses. Er hatte das Gefühl, seine Seele, die er irgendwo über dem Ozean verloren haben mußte, geselle sich langsam wieder zu ihm. Irgendwo an einer Wegbiegung stand eine Art Altar mit verschiedenen Buddhafiguren. Sie trugen verschossene rote Schärpen und saßen da, allem entrückt, vor dem Hintergrund entblätterter Obstbäume, hinter denen unvermittelt ein runder Hügel mit Nadelbäumen aufragte. Jetzt bin ich da, dachte er. Jetzt bin ich wirklich da. Genau wie beim Wasser, bei dem ein hellerer und ein dunklerer Ton zu hören war, wurde durch die helle Öffnung zwischen den dunkelfarbenen Nadelbäumen ein zweiter, weiter zurückgelegener Hügel sichtbar. Er trat weiter vor. Diese Buddhas konnten ihren Ausdruck nie mehr verändern, die Jahreszeiten, die die Blätter der Obstbäume färben, verfärben und wieder fallen lassen würden, hatten auf diese Gesichter keinen Einfluß, sie selbst waren die Jahreszeiten. Davor standen Blumen von wütendem Violett, auf dem Boden lagen ein paar hingeworfene orangefarbene Früchte, die er nicht kannte. Er bückte sich, hob eine auf, schob mit dem Daumen die harte Haut zurück und aß von dem süßen, orangefarbenen Fleisch. Dann wandte er sich wieder dem Violett der Blumen zu. Die Blätter waren lang und dünn, aber die

Blüten selbst hatten etwas Zerknittertes, Tropfen wie Quecksilber waren an den sie umschließenden grünen Blättern hängengeblieben. In allem war eine merkwürdige Einheit, das Geräusch des Wassers, die Dunkelheit, die sich langsam auf die Welt herabsenkte und den Nebel drängender, düsterer machte, es schien alles eins zu sein. GW 2, 643

KIOTO Was ist mir von Kioto am deutlichsten in Erinnerung geblieben, abgesehen von Kioto selbst? Ein nichtssagendes und doch alles sagendes Bild. Auf meinen Spaziergängen durch die ruhigen, kleinen Straßen fernab der belebten Hauptverkehrsadern stoße ich eines Tages auf einen kleinen Tempel, den ich in meinem Führer nicht finden kann. Die Atmosphäre erinnert entfernt an die eines französischen Dorfs am Sonntagnachmittag. Ein Kind hantiert mit Knallfröschen, ein Vater spielt auf der Straße Tischtennis mit seinem Sohn, und dann tritt plötzlich aus einem der kleinen niedrigen Häuser eine Braut. Sie ist so weiß geschminkt, daß ihr Gesicht eine Maske geworden ist, das schwarze Haar quillt aus diesem weißen, gepuderten Kopf in einer brancusiartigen Konstruktion sich blähender, bauschender Bahnen in die Höhe, der zeremonielle Kimono steht steif vor Goldbrokat, und die kleinen schneeweißen Hufe darunter machen Schlurfschrittchen über den Asphalt. Weibliche Familienangehörige helfen ihr beim Gehen, Männer im Cut fotografieren, doch dann gibt es Probleme: Ihre Frisur ist zu hoch, die Braut paßt nicht senkrecht in den Mercedes und wird nun schräg hineingeschoben, nachdem zuvor der Einfallswinkel so errechnet wurde, daß die Frisur keinen Schaden erleidet. Einmal schaut sie in meine Richtung mit zwei funkelnden schwarzen Jettsteinen im faltenlosen Weiß, und ihr Gesicht erinnert mich an ein Porträt von Kunisada aus der ersten Hälfte des vorigen Jahrhunderts (*A Woman of Edo*). Das Gesicht eine einheitliche Fläche, in der der kleine Mund eine winzige, feuerrote Öffnung bildet, die Nase lang und idealisiert mit einem einzigen federdünnen Strich, und auch hier diese schwarzen, leicht schrägstehenden, edelsteinartigen Augen unter der gleichen manieristischen Haarpracht. In wenigen Sekunden ist alles vorbei, und erst dann sehe ich den Tempel. Außen stehen ein paar Schalen mit Fisch, ein Opfer, drinnen sitzt ein sehr kleiner Holzbuddha in einem viel zu großen Sessel, an einem Seil hängt ein großer Gong, und auch auf der rechten Seite des Bauwerks sitzt ein Buddha, die Holzaugen auf einen Punkt am Boden gerichtet, den niemand sehen kann, das Lächeln eines allem Entrückten, der kleine Mund so geformt, als könnte ihm jeden Moment eine goldene Seifenblase entquellen. Eine alte Frau steckt ein Räucherstäbchen in ein Gefäß, in dem bereits ein paar andere glimmen. Sie bleibt kurz davor stehen und schlurft dann davon, ein nichtiger Augenblick auf einem nichtigen Platz, aber unvergessen. GW 6, 294ff.

Australien Ich befinde mich in diesem Moment, Februar 2000, in der Nähe von Broome im Nordwesten Australiens, genauer gesagt bei Gantheaume Point, und gestern sah ich bei Ebbe drei Fußabdrücke in den rötlichen Sandsteinfelsen, eine Tatze mit drei gemeinen Krallen, tödlichen Waffen, denn dieser Dinosaurus war ein Raubtier. Niemand hat ihn je gesehen, er war bereits verschwunden, lange bevor es Menschen gab; sein Fußabdruck ist mindestens 150 Millionen Jahre alt, er hat seinen Namen erst erhalten, als es ihn schon lange nicht mehr gab. Er hätte von Borges erfunden sein können und hätte perfekt in dessen Buch imaginärer Wesen gepaßt, aber da darf er nicht hinein, weil diese dreizehige Pranke in den Fels gezeichnet ist. Damit war er *wirklich* und nicht imaginär, doch das Entzücken, mit dem irgendein Wissenschaftler diesem nie wahrgenommenen Tier einen Namen gegeben hat, muß an die kreative Wollust grenzen, die Borges beim Spinnen seiner Phantasiegeschichten, der *Ficciones*, empfunden haben muß, Trugbilder, in denen die Wirklichkeit fortwährend mit Phantasie befruchtet wird und in welche die Phantasie mit einem Anschein von Wirklichkeit so trügerisch injiziert wird, daß man zum Schluß nicht mehr weiß, was was ist. GW 8, 218f.

Amerika »Trucks move America's needs«, steht auf dem Lastwagen vor uns, und darunter, wieviel Steuern derselbe Wagen 1973 eingefahren hat. Endlose Karawanen kommen uns entgegen. Merkwürdiger Gegensatz zwischen den Lichtern des Verkehrs und dem natürlichen Licht der untergehenden Sonne. Gespinst von Telegrafendrähten, Gewebe von Bäumen, ein einsames Flugzeug hängt im ungeheuren Kupfergewölbe. Ich kann mir, merke ich jetzt, nicht vorstellen, daß Menschen sich auf diesem Kontinent jemals anders als mit irgendeiner Art von Autos fortbewegen werden. Sich etwas nicht vorstellen zu können ist eine Form von Konservatismus, und in Konservatismus steckt schon etwas von einer Weigerung zu sterben, von dem Willen, die Welt so zu konservieren, wie sie ist. Trotzdem kann man fast sicher sein, daß die Landschaft, durch die ich gerade fahre, auch in zweihundert Jahren noch existiert. Aber wann wird jemand diesen Beton betrachten wie ich nach Tausenden von Jahren alte, grob behauene Quader der Via Appia? Radio Baltimore weht kiloweise Ave-Marias herein. Wir halten Kurs auf Virginia. GW 6, 578

Leticia Eine schlammige Böschung fällt ab zum Fluß. Menschen, Schweine, Hunde, alles wuselt durcheinander. Unten am Ufer die schmalen Boote mit Ruderern, die einen hinüberbringen zur kleinen Insel Fantasia. Hinter mir der Markt, die Früchte, die Fische. Jemand hilft mir den rutschigen Hang hinunter zum Steg, an dem Motorboote liegen. Die anderen sind bereits da. Drei Kolumbianer aus Cali, zwei Niederländer. Zwei Männer, die uns fahren werden, hundert Kilometer stromaufwärts. Einer hockt vorn am Bug, ich sitze neben dem anderen, der steuert. Sobald wir den Hafen hinter uns gelassen haben, scheint es, als öffne sich der Fluß, ein Panorama aus metallisch glänzendem Wasser zwischen flachen Ufern, die immer weiter auseinanderrücken.

Das kleine Boot durchschneidet das Wasser, das gellende Geräusch des Motors paßt nicht zu der unermeßlichen Stille, die mitten auf dem breiten Fluß herrschen muß. Wir machen halt beim Naturpark Amacayacu, ein eigens angelegter Pfad durch den Regenwald, Bretterstege, wo es zu sumpfig ist, orgiastische Glut von tausenderlei Grüntönen, Blätter aus falschen Träumen, Messer, gezackt und geschliffen, ein Teich mit modrigen Wasserpflanzen unter einem immer dunkler werdenden Himmel, in der Ferne das Grollen eines großen Gewitters. Ein Affe mit geschminktem Gesicht setzt sich neben mich und sieht mich an, als wolle er ein Gespräch über Gottesbeweise beginnen, doch dann kommt der Regen, der nicht fällt, sondern steht, eine graue, kaum durchsichtige Wasserwand, sobald er aufgehört hat, beginnt die Erde zu dampfen, als würde der Schlamm gekocht, das Licht wird jetzt aus Zink und Eisen gemacht, als wir weiterfahren, schmerzt es in den Augen. Wir werden rosafarbene Delphine sehen, die neben uns her tanzen, und Wolken, die in einem fort ihre Gestalt ändern, Tausende von Kilometern lang ist der Fluß, ich würde am liebsten weiterfahren bis nach

Iquitos und noch weiter bis zu den Anden, das Motorgeräusch ist betäubend, wir begegnen so gut wie niemandem, nur hin und wieder einem dieser flachen Boote mit den schmalen Gestalten von Indios, stundenlang dieselben Ufer, Grün, Grün, mit den Rätseln des Lebens, das sich darin abspielt in einer Welt ohne Straßen und Autos, bis wir nach Stunden umkehren und mit der Strömung zur Insel Santa Rosa in Peru zurückfahren. Der Boden ist schlammig, Bäume mit ineinander verwachsenen Luftwurzeln, ein Stück weiter ein kahler Baum voller Geier, Holzhäuser auf Pfählen, eine Gruppe Frauen in einem Halbkreis. Es sind ungefähr zehn, und jede Frau hält ein Tier in den Armen. Ein Faultier, einen Papagei, einen Alligator, ein junges Krokodil, eine Wasserschildkröte, einen Leguan, einen Riesenfrosch. Das Ganze ist eindeutig arrangiert, die Frauen verrichten hier ihre Arbeit, später wird der Bootsführer uns um eine Spende bitten. Seitlich von den Frauen sitzt der einzige Mann. Er hält an einem Strick eine Art kleinwüchsigen Jaguar, der zu fauchen beginnt, sobald ich näher komme. Unsere kleine Gruppe steht vor den Frauen und sieht sich die Tiere an, eine absurde Szene, die Königin auf Arbeitsbesuch. Die Frauen sind von unterschiedlichem Alter, sie tragen T-Shirts und kurze Hosen. Was sie denken, läßt sich von ihren Gesichtern nicht ablesen. Von den unsrigen auch nicht, denke ich, ein Krokodil streichelt man nicht, das Faultier scheint tief zu schlafen, die Schildkröte ist zweihundert Jahre alt und weiß ohnehin alles. (...) Als wir wegfahren, sehe ich die Gruppe noch, die rasch kleiner wird und schließlich im fernen Grün des Ufers verschwindet, als würde eine Zeichnung gelöscht, ein Dorf auf einer Insel im Fluß an der Grenze zwischen Peru, Kolumbien und Brasilien, unendlich weit entfernt von der Hauptstadt Lima, in der keiner weiß, wie es heißt.

BP, 21 ff.

Manche Ortsnamen haben etwas an sich, das die Reiselust entfacht – der Klang des Namens, die Legenden, die sich um ihn gebildet haben, oder eine Mischung aus beidem. Manche Namen haben sich als Legende gehalten, weil ihre Klangassoziation so verlockend ist, und selbst wenn die Legende längst als Lüge entlarvt ist, behält der Name diesen besonderen Klang. Timbuktu ist ein verlassener Fleck in der Wüste, Bragança ein trübsinniges Kaff in einem öden Winkel Portugals, die Demaskierung hat vor langer Zeit stattgefunden, ich bin dagewesen, und trotzdem haben diese Namen ihre geheimnisvolle Kraft behalten. Isfahan, Samarkand, das Tal der Rosen: Der Klang hat bewirkt, daß die Idee des Ortes hängengeblieben ist, und jeder, der gelegentlich an Reisefieber leidet, kennt dieses Phänomen – man spricht die geheimnisvollen Worte laut aus, fast wie eine Beschwörung: Guadalajara, Manaos, Macau, Aranjuez, Titicaca, Brindisi, Tierra del Fuego –, Vokalisen, winzige Musikstücke, Worte, die man auf einem Instrument spielen könnte. GW 6, 200

Zeiten, Gezeiten

Selbst

Und wenn wir uns selbst
einfach entließen?

Da geht es, ohne zu grüßen,
schmollend und grübelnd
auf der Suche nach Besserem.
Es schaut sich noch nicht mal um.

Und wir?
Wir sollen uns erst mal gewöhnen
an diese strahlende Landschaft
von früher und später,

von leuchtender Zeit
ohne Jetzt.

GW 1, 81

Meine Armbanduhr ist ein flaches Rechteck mit einem doppelten, aber sehr dünnen goldenen Rand. Falls es stimmt, daß sie einen Aspekt der Zeit verkörpert, dann liegt die Zeit flach auf meinem Handgelenk. Die Frage ist, ob sie auch außerhalb dieses goldenen Randes existiert? Das Zifferblatt ist weiß, dank meiner Sommerbräune hebt sich dieses starre Weiß hart von meiner Haut ab. Die Ziffern sind römisch, die IV und die VIII sind schräg nach unten gerichtet, die VI steht auf dem Kopf, verkehrt herum, die Zeit liegt da in ihrer eigenen Fallgrube. Über dieser Ziffer steht etwas geschrieben, so klein, daß ich es ohne Lupe nicht lesen kann. Erst als ich die Buchstaben vergrößere, sehe ich zum erstenmal in dreißig Jahren, daß dort Quarz steht. Niemand weiß, woher das Wort stammt. Feuerstein, Granit, Amethyst. So bin ich mit der mineralischen Welt verbunden. Die IX und die III liegen einander gegenüber in vorbildlichem Gleichgewicht auf einem imaginären Horizont. Das ist es also nicht, weswegen ich bestürzt bin. Meine Uhr muß hingefallen sein. Durch das Glas über dem weißen Blatt mit den symmetrisch angeordneten Zahlen verläuft eine dünne, bizarre Bruchlinie, die die Ordnung der Zeit stört. Wenn das an meinem Handgelenk passieren kann, warum dann nicht überall? BP, 28

Er gehörte zu den Menschen, die die Zeit, die sie auf Erden zugebracht hatten, wie eine amorphe Masse hinter sich herschleppten. Das war nicht ein Gedanke, der ihm jeden Tag kam, wohl aber einer, der regelmäßig wiederkehrte und der ihn schon beschäftigte, als er noch bedeutend weniger Vergangenheit zu befördern hatte. Er konnte die Zeit nicht abschätzen, nicht messen, nicht einteilen. Doch es ist vielleicht besser, wenn man hierbei den bestimmten Artikel wegläßt und, wie es die Engländer tun, nur von *Zeit* spricht, um diesem Begriff die volle, klebrige Zähflüssigkeit zu verleihen, die er beanspruchen darf. Und nicht nur die Vergangenheit blieb auf diese Weise an seinem Löffel hängen, auch die Zukunft war nicht sehr fügsam. Da wartete eine ebenso amorphe Masse auf ihn und wollte durchquert werden, ohne daß klar angegeben war, welchen Weg er einschlagen sollte, um durchzukommen. Eines stand fest: Die Zeit, die er gelebt hatte, war vorbei. Doch jetzt, da er fünfundvierzig geworden war und, nach seinen eigenen Worten, die Grenze zum Fürchterlichen überschritten hatte, ohne daß er je einen Paß vorzeigen mußte, begleitete ihn dieses formlose Zeug, das sowohl seine Erinnerung als auch sein mangelhaftes Gedächtnis einschloß, noch immer, noch genauso geheimnisvoll und in rückwärtiger Richtung ebenso unmeßbar wie das Weltall, von dem man in letzter Zeit soviel zu hören bekam.

GW 2, 387

Zeit (...) war in seinem Leben der Vater aller Dinge. Er hatte die leere, gefahrvolle Fläche des Tages in mehrere genau abgesteckte Felder zergliedert, und die Grenzmarkierungen, die am Anfang und am Ende eines jeden Feldes angebracht waren, bestimmten seinen Tag mit unerbittlichem, hartem Griff. (...) Die Angst, die ihn regierte, forderte ihren Zehnten in Stunden ein, Stunden, halben Stunden, Viertelstunden, willkürlich vorgezeichneten Bruchstellen in jenem unsichtbaren Element, das wir zeit unseres Lebens durchwaten. Es war, als habe jemand in dieser unendlichen Wüste an einem ganz bestimmten Sandkörnchen verfügt, daß er nur hier essen oder lesen könne. Jedes der durch diese Verfügung festgelegten Sandkörnchen beanspruchte mit zwingender Gewalt die ihm zustehende Tätigkeit, und schon zehn Millimeter weiter waltete das unerbittliche Geschick. Jemand, der zehn Minuten zu früh oder zu spät kam, war unwillkommen: Der von Besessenheit getriebene Sekundenzeiger blätterte die erste Buchseite um, hämmerte die erste Note ins Klavier oder setzte, so wie jetzt, beim siebenten Schlag des Uhrwerks eine Pfanne Gulasch auf das Feuer.

GW 2, 419

Dunkle, dumpfe Schläge reißen mich aus einem ohnehin nicht besonders fröhlichen Traum. Eine Totenglocke läutet, aber ich weiß noch nicht, ob sie zu dem Traum oder zum Tag gehört – in diesem Niemandsland stehen keine Grenzwächter. In meinem Bett im dunklen Zimmer stelle ich mir vor, daß irgendwo draußen eine Sanduhr steht, so groß wie eine Kathedrale. Das bronzene, sich stets wiederholende Geräusch ist das Fallen ungeheuer großer bronzener Sandkörner, eines nach dem anderen. Mit jedem Schlag brechen sie ein kleines Stück von der Zeit ab, und nur Narren glauben, davon gäbe es noch genug.

Das Läuten dauert sehr lange, es erfüllt die Straßen, die Plätze, die Häuser, die Flure, die Zimmer. Es kommt von der Notre-Dame, in deren Nähe ich wohne, und es ruft auf zum Gedenken der Toten. Wir haben den ersten November, zum erstenmal ist es kalt, der Wind rennt im Regenmantel durch die Straßen. In der Kirche ist es voll, das Kirchenvolk, diese austauschbare, immergleiche Menge wie vor zwei-, fünf- und siebenhundert Jahren, füllt den Raum unter den hohen Bögen, singt, betet und gedenkt der Entschwundenen. Der Kardinal besteigt die Kanzel. Er ist gerade aus Rom zurückgekommen und grüßt das Volk im Namen des Papstes. Uralte Bräuche sind hier im Schwange, ich habe das Gefühl, eine Zeitreise zu machen, aber so ist es nun mal, wenn solche Gebäude noch stehen, und schon gar, wenn man sie betritt.

GW 5, 98

Abend

Der blaue Stuhl auf der Terrasse, Kaffee, Abend,
die Euphorbia langend nach abwesenden Göttern,
voll Heimweh nach der Küste, alles ein Alphabet
geheimer Verlangen, dies ist sein
letztes Gesicht vor dem Dunkel,

der Flor in seinem Kopf. Er weiß:
verschwinden werden die Formen der Wörter,
in seinem Kelch nur noch der Satz,
die Linien nicht länger verbunden,
die früher Gedanken waren.
Hierher kommt kein Wort mehr
das wahr ist. Zermalmte Grammatik,
bewegte Bilder ohne Brücke,

vom Wind das Geräusch,
doch nicht länger der Name,
jemand hat es gesagt
und der Tod lag auf dem Tisch,

ein träger Diener, wartend
im Flur, dumm lächelnd,
in seiner Zeitung blätternd
mit den verrückten Berichten.

Dies alles weiß er, die Euphorbia,
der blaue Stuhl, der Kaffee auf der Terrasse,
die Nacht, die ihn langsam einhüllt
und dann mit ihm wegschwimmt,
ein sanftmütiges Tier
mit seinem Raub.

GW 9, 821 f.

Selbstbildnis eines Anderen Es ist spät im Jahr, er ist allein am geschützten Strand in der kleinen Bucht. Er war dorthin gegangen, um zu schwimmen, das Wasser war noch nicht zu kalt. Nach dem Schwimmen hat er gelesen. Dabei muß er eingeschlafen sein, als er erwacht, merkt er, daß er nicht mehr allein ist. Am anderen Ende des Strands, bei dem primitiven Bootshaus, wo das Schiff, das er noch nie gesehen hat, über eine eigens dazu angelegte Steinböschung ins Wasser gelassen werden kann, sitzt ein alter Mann auf den Felsen. In der Hand hat er einen Stock, an den Füßen kaputte Sandalen mit zerfranst herabhängenden Flügeln. Sein Oberkörper ist nackt, man kann noch erkennen, daß er früher kräftig gewesen ist. Jetzt ist die Haut schrumplig und trocken wie die von Eidechsen, es muß unangenehm sein, ihn zu berühren. Sein Haar unter dem helmähnlichen Hut ist verfilzt, es ist schmutzig und grau. Dies ist das erste Mal, daß der Badende einen Unsterblichen sieht, er verhält sich still und hofft, daß der Gott ihn nicht bemerkt hat. Der Beschützer aller Reisenden ist müde, er bückt sich unter Mühen zum Meerwasser, das an die Felsen spült, und fährt sich damit durch das Gesicht. Eine Weile blickt er aufs Meer, dann steht er auf und geht langsam zu dem Weg, der an der Küste entlang in die nächste Bucht führt. Erst später, als der Schwimmer sich zu erheben wagt, sieht er bei den Felsen die Spuren der Sandalen im feuchten Sand, daneben den seltsamen, stets wiederkehrenden Strich der Federn.

GW 1, 339

Gezeiten

Es gibt keine Reihenfolge bei meinen Gedanken.
Ist die Kathedrale fertig, schreib ich die Symphonie.
Dann lerne ich und foltere,
ich schicke die Regimenter und plane die Brücke.

Chinesisch schreibe ich auch, und das Moor lege ich
trocken.
Dann tanze ich den Tango und rüste die Flotte,

ich male den Apfel auf die tausend Arten,
aber wie oft ich auch mit dir schlafe,
die Zeit bleibt unsichtbar.

Sie ist und ist nicht da.

(...)

In diesen Gezeiten lerne ich mich selbst kennen.
Immer weniger:
Ich hatte ja tausend Leben,
und ich nahm mir nur eins!

Langsam schwebe ich den Spiegeln entgegen,
in denen ich schmelze.
Erst wenn ich das Zifferblatt streife, zerspell ich
da leise:
zwei, die beides sind,
werden zu keinem.

Dann hab ich sogar diese Worte nicht geschrieben.
Woher kommt es denn, daß du sie lesen kannst?
Je größer das Auge,
desto weniger
zu sehen.

GW 1, 220/223

Augenblicke, historisch

Wo man sich auch in Paris bewegt, überall hört man das leise Klicken von Fotoapparaten, das Surren von Kameras. Wenn man all diese kleinen, leisen Geräusche gleichzeitig hören könnte, dann wäre es, als würde man den ganzen Tag von Salutschüssen begleitet. Fotografieren heißt bewahren. (…) Ein in der Zeit tatsächlich geschehener Augenblick, nie mehr ungeschehen zu machen, eine totenstille, gemeißelte Sekunde, Wahrheit und Wirklichkeit. Aber warum? »Eine Erinnerung«, sagen sie dann, doch damit können merkwürdige Dinge passieren: Die Zeit, was immer das ist, vergeht, *sie* sind verschwunden, stehen aber noch immer vor diesem Denkmal oder auf dieser Brücke: Ihr Augenblick ist noch immer gültig, es ist noch immer diese eine wahre, wirkliche Sekunde, doch sie sind nicht mehr da, um sie wiederzuerkennen, und für denjenigen, der zehn Jahre, fünfzig Jahre später dieses Foto in der Hand hält, ist es bereits etwas anderes geworden, bewahrte Zeit anderer Menschen, Unbekannter. GW 5, 109f.

Für ihn bestand Zeit aus Geschichte. Solange es Menschen gab, hatte es Geschichte gegeben, Geschichte bestimmte die Gegenwart, die Gegenwart die Zukunft, und dadurch würde die Zukunft ohne Geschichte nicht existieren. Es war also wichtig, ihr Beachtung zu schenken. Das persönliche Schicksal schien ihm dabei von geringer Bedeutung. Geschichte existierte in gewisser Weise für sich selbst. Sie wurde zwar mit Menschen gemacht, kümmerte sich aber keineswegs immer um sie. GW 2, 603

Buenos Aires 1938 Die meisten Männer tragen weiße Anzüge, die Frauen teils ausladende Hüte, teils nicht. Erst ein Jahr später herrscht Krieg, die künftigen Feinde befinden sich alle im selben Raum, der andere Kontinent, jener der Drohung, ist eine Schiffsreise entfernt. Im Vordergrund ein Mann allein am Tisch, was er denkt, nicht zu erkennen. Die anderen haben sich erhoben, um zu tanzen, doch auch die Musik ist unhörbar. Ein Mann trägt eine Pappkrone auf dem Kopf, das Haar desjenigen, der am Nachbartisch etwas auf dem Tablett eines Kellners auswählt, glänzt von Brillantine. Sein Nachbar beugt sich vor, um der Frau mit den langen, schmalen Händen, ihm schräg gegenüber, besser lauschen zu können, die aber wegen der Musik des anscheinend langsamen Tanzes nicht gut zu verstehen ist. Auch ich verstehe nicht, was sie sagt. Ich könnte es mir ausdenken, schließlich ist das mein Beruf, doch es ist besser so. Ich sehe sie von oben, ein angehaltenes Wirbeln, ihre Gespräche verflüchtigt und aufgelöst in der nervösen Luft, wie auch die Farbe der Blumen verschwunden ist, die Körper auf Friedhöfen von fünf Erdteilen verwahrt sind. Wenn ich mich sehr anstrenge, höre ich Bruchstücke von Wörtern und Sätzen, Masaryk, Rheinland, München, aber schon sind sie wieder verflogen oder verborgen hinter anderen, unschuldigeren Wörtern, Foxtrott, morgen, Champagner, Empfang, Münder geschlossen oder halb geöffnet, vielsprachige Sätze, eingefroren mitsamt ihrer Bedeutung, und zwischen Tanzschritten und Abendkleidung, Flirts und Spionage, zwischen Männern und Frauen die Musik und das Geheimnis der Zeit. BP, 97

Den Haag, Mai 1940 Ereignisse, zwei. Eines ist der schreckliche Sack mit Flugzeugen, der über seinem Haus ausgeschüttet wird. Er wohnt in der Nähe eines Militärflugplatzes, und zwei Tage lang fallen diese Flugzeuge schwärzer und schwärzer über das Haus. Sie heulen, brennen und stürzen sich wieder und wieder auf die allzu grünen sommerlichen Wiesen hinter ihrem Haus. Alles, was er in diesen Tagen anfaßt, vibriert, und er weiß, daß sein Vater ihn deshalb haßt – solange die Angriffe dauern, zittert er, kaltes Wasser hilft nicht. Und dies ist auch fast die einzige Erinnerung an seinen Vater: ein Mann, der sich einen Stuhl auf den Balkon hat stellen lassen und von dort aus rauchend und schweigend den Kämpfen zusieht. Nach zwei Tagen ist es vorbei, und weitere zwei Tage später nimmt sein Vater ihn mit, gemeinsam sehen sie, wie die Deutschen einmarschieren. Die Straße ist breit, die Menschen am Rand sind still, und dazwischen, in der prächtigen Mitte, zieht und rattert die endlose graue Armee. GW 2, 233

Budapest 1956 Vor vier Tagen, am Donnerstag, dem 1. November, fuhr ich mit dem Auto über die ungarische Grenze. Vier Tage, genug, ein Volk zu ersticken, ein Land zu erwürgen, eine Stadt niederzubrennen, der Welt ein Antlitz von Unheil und Unsicherheit zu geben, die Lebenden in Angst und Kummer zu versetzen. Es schien so anders, an jenem ersten Tag. Links von der Straße floß das träge grüne Wasser der Donau, dann und wann verborgen unter langen, sich bewegenden Dunstschleiern. Eine frühlingshafte Sonne bewohnte die Landschaft. Man sah keine Russen. Man hörte keine Schüsse. Ungarn war ein befreites Land. Ein Land mit winkenden Kindern, sich wiegenden Blumen und beschwingter Fahnenfreude entlang der Straße. Ein atmendes, erleichtertes Land. Aber kein freies Land. Denn solange Freiheit von Angst durchdrungen ist, existiert sie nicht. Die unsichtbare Anwesenheit der Russen, die Drohung stand unheilvoll zwischen den Menschen. (…)

Bevor eine schreckliche Hand aus Feuer und Vernichtung tödlich zuschlug, habe ich Budapest zum letztenmal gesehen. Für einen Augenblick war es möglich, an Frieden zu glauben, dort, auf der prachtvollen Brücke zwischen Buda und Pest, in der Stadt mit dem schönsten Gesicht unter der Sonne. Jedoch nur, weil über der Donau nicht dieser schreckliche Staub lag, der die Stadt mit der Erinnerung an die Kämpfe gezeichnet hatte. GW 7, 9f.

Ein Freitag in Rabat, 1960 Ein Freitagmorgen in Rabat vor nicht ganz einem Jahr. Ich stehe auf einem niedrigen, grünen Hügel. Es ist elf Uhr morgens, und Punkt zwölf wird Sidi Mohammed Ben Jussuf, Sultan von Marokko, von seinem Palast zur Moschee fahren. Sonne genug, das helle weiße Licht leuchtet auf den Mauern des Palastes. Auf den Straßen, die dorthin führen, wird es immer voller, und aus der Menge, die schon seit Stunden wartet, klingen fröhliches Geplapper und Gemurmel und zuweilen die gedehnten Schreie der Süßigkeiten- und Obstverkäufer. Ich habe mich hinter die imaginäre Demarkationslinie gesetzt, die alte, zerfurchte Soldaten der marokkanischen Armee zwischen dem Publikum und dem »offiziellen Raum« gezogen haben, und von hier aus kann ich sowohl den Palast als auch die Moschee sehen.

Das Warten dauert lange, langsam füllt sich auch der große Platz unten, die hellen und dumpfen Farben der Dschellabas, Kaftane und Uniformen flirren im bestürzenden Licht durcheinander. Schwarze Autos fahren nervös hin und her, um den Palastwärtern geheime Botschaften zu überbringen. Die Geduld der Leute wird langsam auf die Probe gestellt und schließlich mit einem wunderbaren Umzug belohnt: ein Orchester, das den Geruch eines anderen Jahrhunderts mit sich trägt, gefolgt von einer imperialen Gesellschaft aufrecht sitzender Lanzenreiter auf wilden Pferden, die über den Platz ausschwärmen und ein Spalier vom Palast zur Moschee bilden. Das Orchester (weite, rote Pluderhosen, am Knöchel mit winzigen Knöpfen zugeknöpft, schneeweiße Jacken, rosenrote Feze) kommt direkt unter mir zum Stehen und spielt feierliche Melodien, während es in unverschämter Weise abgetastet wird von den raffgierigen Kameras der westlichen Touristen, denen man demonstrativ einen privilegierten Platz zugewiesen hat, als wäre es ihr König. Die zwölfte Stunde des Tages verstreicht, ohne daß etwas geschieht. Die Lanzenreiter bleiben aufrecht und regungslos im Sattel sitzen, die Lanze erhoben, eine halbe Stunde, eine Stunde.

Und dann, plötzlich, geschieht es. Das Tor des Palastes öffnet sich, und eine große Gruppe von Männern, Adlige, Stammesführer, Beamte in unglaublich weißen Dschellabas, strömt hinaus, unmittelbar gefolgt von der Kutsche, in der Mohammed V., ernsten Blickes und ab und an sachte seinen Untertanen zuwinkend, die kurze Strecke zur Moschee zurücklegen wird. Im selben Augenblick bricht das Höllenspektakel los. Die Tausende von anwesenden Frauen stimmen ein gurgelndes, hohes, kehliges Geschrei an – das arabische Äquivalent des zurückhaltenden Klatschens, das wir königlichen Hoheiten bei ihrer Durchfahrt gewähren.

Das Geschrei ähnelt dem Angriffsgebrüll der Indianer in Cowboyfilmen und hält an, bis der Sultan in der Moschee verschwunden ist. Dann wird es plötzlich totenstill, und wenig später ertönt seine Stimme hallend und elektrisch aus zwei Philips-Lautsprechern oben im Turm. Es ist eine träge, schleppende Stimme, die einsam über die großen Plätze vagabundiert, über dem Volk kreist, für das er Allahs Segen und Schutz erfleht, wie immer, jeden Freitag, jedes Jahr seiner langen Regierungszeit, außer in den zwei Jahren, als die Franzosen ihn nach Korsika und Madagaskar verbannt hatten und eine alte, schlurfende Marionette an seiner Stelle die Berber in der Wüste und in den Bergen und die Berber und Araber in den Städten regiert hatte.

Das Gebet dauert nicht lange, und die Marokkaner warten gespannt auf die Rückkehr ihres Königs, den sie lieben. Ich renne durch den dicken Hitzevorhang den Hügel hinunter und suche einen Platz so nah wie möglich an der Moschee. Das Geschrei klingt hier wirklich so, als würden sämtliche Apachen auf einmal Fort Sioux erstürmen. Das laute Schreien der Verkäufer grellbunter Sultan-Konterfeis und das blecherne Gejammer der von oben bis unten mit Schellen behängten Wasserverkäufer dringt schrill ans Ohr. Ein Pferdeknecht führt einen prächtigen, aufgezäumten Schimmel zum König, der steigt auf und reitet langsam davon. Sein Gesicht ist immer noch ernst, er lächelt kaum. Vor ihm her gehen Adlige, Priester, Kalifen, Scheiche, Höflinge und bereden leise und vornehm die schwierigen Angelegenheiten des marokkanischen Reiches, und dahinter schreitet hoch und weiß das Pferd, umschwärmt von Männern, die Insignien tragen und einen hohen violetten Sonnenschirm über das Haupt des Königs halten. Der schaut hin und wieder zur Seite, über die Menschenmenge, und einmal blicke ich ihm dabei kurz ins Gesicht, das intelligent, weise, etwas geheimnisvoll wirkt. Verfolgt von dem brennenden Gefühl, nicht dazuzugehören, suche ich zwischen den fröhlichen, ausgelassenen, lärmenden Marokkanern den Weg zurück in mein Hotel, unterm Arm eine zusammengerollte Zeichnung von Mohammed V. und seinem Sohn, Mulai Hassan, ein Name, mit dem ich keine angenehmen Erinnerungen verbinde.

Auf meinen langen Fahrten in den Süden, durch den Atlas in die Sahara, war es andauernd dasselbe: quer über die

Straße lange, mit Nägeln gespickte Latten, Polizei, Paßkontrolle, manchmal auch Verhaftungen. Und je mehr wir uns der Wüste näherten, im Atlas, bei Ouarzazate, bei Agdz, desto öfter hieß es: aussteigen, die Hände hochhalten in der kahlen Mittagshitze und nach Waffen durchsucht werden. Warum? Man hat es mir erklärt, mehrere Male, der Prinz ist verhaßt, der Prinz hat viele Feinde, es wurden Anschläge auf ihn verübt, die Täter, seine Gegner, werden im ganzen Land gesucht. Jetzt ist der Prinz König. Und er hat die Armee hinter sich. Aber die Zeiten der Istiqlal-Partei und des Mathematiklehrers Ben Bakra sind nicht so rechts und so westlich wie die von Mulai Hassan. Das hatte sein Vater, vor allem in seinem letzten Regierungsjahr, zu begreifen begonnen. Wie gut Hassan II. es begreift, wird der Reisende aus der Anzahl langer nagelgespickter Latten erschließen können, die dann zwischen Tanger und Mauretanien auf der Straße liegen werden oder auch nicht.

[Und seither? Unabhängiges Algerien und eine endlose Reihe von Intrigen und Verschiebungen in der arabischen und der afrikanischen Welt. Hassan regiert immer noch. Und die Moral von der Geschicht': Man mag direkt vor dem Palast stehen – was Fotos drei Jahre später zeigen werden, kann man trotzdem nicht sehen.]

GW 7, 251 ff.

Paris, Dezember 1961 In Paris zu leben wird langsam zu einer merkwürdigen Angelegenheit. Mit jeder neuen Zeitung, die man kauft, sind wieder zehn oder zwanzig Bomben gelegt, geworfen, gezündet worden. Für Bewohner eines Landes, das politisch gesehen an ein gediegen ausgestattetes Geschichtsbuch, erschienen in einem teuren Verlag, erinnert, ist dieser Kontakt mit *realer* Politik aufregend. De Gaulle,

L'Express, Ben Khedda, OAS – Schlagwörter aus einem Spiel, das vornehmlich in Frankreich gespielt wird, mit dem man entfernt etwas zu tun hat, aber dann doch am liebsten aus einer Ferne von Zeitungspapier, bis man plötzlich selbst davorsteht. Ein schwarzes, ausgefranstes Loch in der Wand. Eine weinende Frau. Schutt auf der Straße. Leere, offene Fenster, aus denen lächerliche Gardinen wehen. Ein Krankenwagen. Kleine Symbole des Entsetzlichen. Wütende, nervöse Polizisten mit Maschinengewehren, blaue Einsatzwagen. Lebendige Politik, die nach etwas riecht. Nach ausgebranntem Haus, zerstörten Autos. Das stinkt. Ein paar Stunden später dasselbe Haus auf der Titelseite des *France Soir*, von schwarzen Schlagzeilen gerahmt, mit erklärenden Pfeilen und einigen Fotos von den Opfern.

In einer Zeit, in der mehr Geschichtsbücher geschrieben werden als je zuvor, ist dies eine unbefriedigende Situation. Wer sich einmal daran gewöhnt hat zuzusehen, wie Kriege entstehen, sich hinziehen, sich auflösen oder zerschlagen werden, entwickelt, wenn er mit einer konkreten Situation konfrontiert wird, eine Ungeduld, die nicht nur von einer intelligenten Distanziertheit herrührt, sondern in nicht unerheblichem Maße auch genährt wird von einem ermüdeten Realitätssinn und der müde machenden Erkenntnis, daß die Konflikte gerade *deshalb* so lange durchgekaut werden, *weil* die Täter ihre Geschichtsbücher nicht kennen, vor allem nicht die neuesten Ausgaben. GW 7, 185f.

Dallas, November 1963 Vier Tage, zwei Morde. Wir haben beide gesehen. Der erste, die in wilder Verwirrung umherschwenkende Kamera, die das Durcheinander so registriert, wie es gewesen sein muß, das schwere Auto ist zum Stehen gekommen, die fliehenden Menschen, der blutende Mann, der nicht hätte sterben dürfen – und der zweite, viel deutlicher, brutaler, der Mann mit dem offenen weißen Hemd, der von zwei offenbar blinden Bullen über einen Innenhof geschleift wird, der Mann, der laut der Polizei aus Dallas der Mörder des ersten ist. Es gebe erdrückende Beweise gegen Oswald. Doch wo sind die Fotos, die Dokumente, die Beweise der Beweise? Auf den wenigen Fotos, die wir haben, sehen *wir* einen Mann, den die Polizei nicht sah, einen Mann mit einem Revolver in der ausgestreckten rechten Hand – und (hier werden die Fotos zum Film) wir hören die Schüsse, den Schrei des Sterbenden, der zu Boden stürzt, und die Stimme, die wiederholt: »Lee Oswald wurde niedergeschossen. Er wurde niedergeschossen. Lee Oswald wurde niedergeschossen.« Der Krankenwagen – vorher von der Polizei von Dallas angefordert *(New York Times)*, weil jemand angerufen hatte, daß ein Attentat auf Oswald verübt werden solle *(New York Herald Tribune)* – rückt aus und transportiert den neuen Sterbenden ab, jedoch zu spät. Er hat seine Schuld, sein Geheimnis, falls es eines gab, mit ins Grab genommen und der Welt erst mal ein viel größeres Geheimnis hinterlassen. Ein Präsident wird niedergeschossen.

GW 7, 356

Struthof-Natzwiller, Mai 1965 Ich fahre weiter, es geht immer höher hinauf, ich sehe ein Schild *Le Hohwald*, danach ein Schild *Le Struthof*, und ich weiß, das ist es, und dann taucht da auch plötzlich hinter einer Kurve ein hohes Denkmal aus sehr großen Steinen auf, die Form erinnert an den Bug eines Schiffs, das in diesen Bergen natürlich nirgendwo hinfahren kann. Und darunter, ländlich ausgebreitet, an den Hang gebettet, sehe ich es, das Lager, oder was es gewesen ist, ein bösartiger Park, gewohnter Anblick, der alte Stacheldraht noch drum herum, Holztürme alle paar

Meter, darin keine SS-Männer, die nicht schießen, auf keine Häftlinge. Nur da unten sind Leute, sie werden herumgeführt, das kann ich deutlich sehen, eine einsame Gestalt, die mit einem Stock auf etwas zeigt, geht voraus.

Ich parke mein Auto neben drei anderen, einem mit niederländischem, zwei mit französischen Kennzeichen, und gehe zum Eingang, Tor oder wie das heißt. Es ist jetzt sehr kalt, der Platz ist ungeschützt, der Wind weht direkt darauf zu. Konzentrationslager Natzweiler-Struthof, Camp de Concentration 41-44. Das Tor selbst besteht aus einer merkwürdigen Holzkonstruktion, viele schiefe und schräge Balken, Stacheldraht, und es ist zu, drei durchgefrorene Holländer stehen davor, einer von ihnen erzählt den anderen Geschichten, »es war ein NN-Lager, verstehst du, und der Freund von mir sagte, NN, das stand für ›Nacht und Nebel‹, denn in Nacht und Nebel sind sie verschwunden, es war nicht vorgesehen, daß jemand, der in dieses Lager kam, überlebte, und darum ...« Ich höre nicht weiter zu und gehe zu einem Fräulein in einem Holzhäuschen, sie sitzt da wie jedes Fräulein am Eingang eines Parks, eines Museums, verkauft Eintrittskarten – *Droit de visite: 1 F* – und sagt, ich dürfe noch nicht hinein, die nächste Führung beginne in einer Viertelstunde, ich könnte inzwischen aber die Gaskammer besichtigen, oder das Denkmal, oder die Gräber. Und ich frage sie, ob sie nachher noch da sei und ob ich dann Dokumentationsmaterial bei ihr kaufen könne, und sie sagt »ich bin hier, bis das Lager geschlossen wird«, und ich denke, aber als das Lager geschlossen wurde, warst du nicht da, und frage mich, wie es gewesen wäre, wenn uns, sagen wir im Jahr 1943, ein Häftling hinter dem Wachposten, durch das geschlossene Tor mit dem Stacheldraht, hätte sehen können, dieses Häuschen hätte sehen können mit den kolorierten Ansichtskarten und unseren fünfundsechziger Autos dahinter. Doch niemand konnte das jemals sehen, und ich gehe zum Denkmal.

Es bildet eine Art Spirale, eine Höhlung auf der Innenseite zeigt einen ausgezehrten Mann, hundertfach vergrößert, sehr lange dünne Arme hängen, in die Steine gehauen, nach unten, darunter liegt, lächerlich klein, ein Strauß sehr roter Gladiolen. Der Friedhof ist direkt dahinter, eintönige lange, dünne Kreuze mit Metalltafeln, *Mort pour la France*, *Mort pour la France*, *Mort pour la France*. Die Kreuze stehen in Kieselsteinen, und ganz selten ist es kein Kreuz, sondern ein Stein, der zwischen all den Kreuzen gerade *kein* Kreuz ist, und auf jeder Tafel wird auch das Lager genannt, *Neuengamme*, *Buchenwald*, *Dachau*, doch fast nie *Natzweiler*, denn dort hat man alle Toten verbrannt und die Asche dort verstreut, wo auch die Kanalisation abfloß.

Ein Klingelzeichen, die Führung beginnt. Ein älterer Mann im Manchesteranzug, vier oder fünf Orden am Revers, auf einen Stock gestützt, mit einem oder zwei schlechten oder kaputten Augen – jedenfalls weiß man nie, ob sie einen anblicken –, ein ehemaliger Häftling, geht voran, klopft mit dem Stock, es fängt an zu regnen, wir betreten das Lager. Er sagt nichts, wir sind zehn oder zwölf Leute, schätze ich, die drei Holländer und ich und eine Gruppe Franzosen, eine große, arme Familie mit zwei Alten, ein paar Kleinkindern, einem Säugling auf einem Arm, alle zusammen bilden wir eine merkwürdige, etwas konspirative Schar. Dann ist da noch ein japanisch-amerikanischer Soldat in einer Lederjacke in Begleitung eines französischen Stadtmädchens mit langen, blondgefärbten Haaren und goldenen Schühchen, und als der Führer stehenbleibt, gruppieren wir uns um ihn. Das kleine Kind fängt an zu weinen, aus dem Regen wird Schnee, und das Lager liegt zu unseren Füßen, eine Art terrassenartige Fläche jetzt, auf der noch zwei Baracken stehen, dort, wo die sechzehn anderen gestanden haben, sind leere Stellen, jede mit einem eigenen Gedenkstein.

Und in der Mitte des Ganzen, gut sichtbar, der Galgen, viel kleiner, als ich gedacht hatte, ein Stück Holz mit einem Stück Holz, und daran der Strick. Daneben steht eine Schubkarre. Und der Führer erzählt, daß der Lagerkommandant, »le sinistre Kramèr«, bei den Exekutionen dort gestanden habe, und er zeigt, und wir schauen alle auf den leeren Fleck, fast da, wo wir jetzt stehen, und dann geht unser Blick dorthin, wo nun morgens um vier und nachmittags um sechs keine Appelle mehr stattfinden, und darüber hinweg auf die heranziehenden, gewaltigen dunklen Wolken und die schwarzen, unschuldigen Wälder darunter, und einmal, erzählt der Führer, konnte jemand fliehen, ein polnischer Zirkusartist, der einen Baumstamm als Sprungstab benutzte und sich über die hohen Absperrungen schwang, in derselben Nacht allerdings von den Hunden gefaßt wurde und sein Kunststück vor allen Lagerinsassen noch einmal vorführen mußte, weil der Kommandant nicht glauben wollte, daß das möglich war. Wenn es gelänge, käme er frei, und es gelang, und er wurde dort gehängt, mittags um zwölf.

Wir gehen in eine Baracke, eine Baracke mit Zellen, hellen Zellen und dunkleren, wo man nichts sieht, und viel zu kleinen Zellen für einen Mann, der darin nicht aufrecht stehen konnte, das kleine Kind fängt wieder an zu weinen, der Mutter ist es peinlich, sie versucht es zu besänftigen, ich höre »dreihundert Gramm Brot« und sehe, wie ein etwa fünfzehnjähriger Junge, als er sich unbeobachtet glaubt, sich kurz in so eine viel zu kleine Zelle setzt, seltsam zusammengekauert, und mit Schrecken in den Augen herauskommt. Und dann stehen wir vor einem anderen kleinen Raum, mit einem merkwürdigen Möbelstück, an dem ein Kärtchen hängt wie in jedem Museum, *Chevalet de bastonnade*, eine Art Tisch oder Bock, der jedoch statt einer geraden Platte Holzlatten hat, längs vernagelt, nach innen senken sie sich ab, sieben dünne Latten von unterschiedlicher Breite, auf die sich jemand legen mußte, während ihn ein anderer Häftling mit der Peitsche schlug, fünfzig- oder hundertmal, der Geschlagene mußte selber zählen. Jemand filmt es, und alle erschrecken von dem surrenden Geräusch, mit dem der Bock in die Filmkamera gezogen wird, der Führer erkundigt sich, was für eine Art Film der Filmer benutze und ob es ein Farbfilm sei, und dann gehen wir weiter zu einem Raum, in dem man Experimente mit Menschen angestellt hat. Ein großer steinerner Tisch mit gekreuzten Abflußrinnen für das Blut steht da, und nun kommen noch mehr schreckliche Räume, einer, in dem in einer Nacht 119 oder 219, das weiß ich nicht mehr, französische Widerstandskämpfer von zwei SS-Männern mit Pistolen erschossen wurden. »Sie können sich vorstellen«, sagt der Führer, »wie das Zimmer aussah«, und das können wir, und dann kommt ein Raum, wo den Häftlingen die Haare abgeschnitten wurden, und er sagt, »bei der Befreiung hat man hier, in diesem Zimmer« (oder, wie die Franzosen sagen, »in diesem Zimmer selbst«), noch 29 Kilo Haare vorgefunden, von Männern und Frauen, und dann höre ich die gepflegte holländische Stimme hinter mir sagen, »wenn man bedenkt, wie leicht Haare sind«, und auch ich denke dann daran, wie leicht Haare sind.

Wir gehen wieder nach draußen, in den von Menschenhand angelegten Park, denn wie nennt man so etwas sonst. Er ist grün, und weil die Baracken nicht mehr da stehen, offen, Wälder ringsum, nur diese Stelle ist die wahnsinnige Ausnahme, buchstäblich *aus*genommen zwischen dem Rest der stummen, der idiotischen Natur, die von nichts weiß, und auch nichts davon, Menschen unter sich. In dem Raum, den wir jetzt betreten, steht ein großer Ofen, der wie ein

Ofen aussieht, ein großer Gegenstand, gut erhalten, die Tür steht offen. Daneben noch ein Stapel Holzpantinen von Häftlingen, etwa vierzig, und sie stehen da so echt und so deutlich, daß man meint, es kämen nach uns wieder Häftlinge, die die Pantinen anziehen und an die Arbeit gehen. Die Trage mit Segeltuch, auf der die Toten hereingebracht wurden, steht im übrigen auch noch da, »eigentlich«, erzählt der Führer, »war der Ofen für eine Leiche gedacht, aber später wurden zwei aufeinandergelegt oder vier, wenn's ging, und der Ofen hatte einen Anschluß zur Dusche der SS oben und sorgte so für warmes Wasser, die Häftlinge, die am Ofen arbeiteten, machten das meistens eine Woche oder zwei, dann gingen sie selbst«, und er zeigt an die Dekke, und da hängen, ja was sind es, Fleischerhaken, vier, an denen manchmal, in manchen Nächten, Menschen wie am Fließband aufgehängt wurden, »oder sie wurden am Ofen erschossen, bei der Befreiung hat man hier eine richtig dicke Blutschicht vorgefunden, da sehen Sie noch einen Fleck«, und dann sieht man, durch die Fleischerhaken hindurch, tatsächlich getrocknetes Menschenblut, doch all das Grausame ist in einer Umgebung äußerster Ordentlichkeit untergebracht. Der Ofen steht unbeschädigt zwischen den weißen Wänden, auch die Haken stecken sauber in der Dekke, die Holzpantinen sind akkurat gestapelt, die Kamera surrt, jeder guckt und schweigt, das Mädchen sagt flüsternd etwas zu dem Amerikaner, der nickt, daß er es verstanden hat.

Dann gehen wir zu einer von Häftlingen nach der Befreiung angelegten Rabatte, ein Kreuz aus Blumen, hier vermischte sich die Asche mit den Fäkalien aus der Kanalisation, und große Steine sind so angeordnet, daß da *OSSA HUMILIATA* steht, geschundene Gebeine, und darüber etwas ganz anderes, Ehre und Vaterland, und während wir dann am Galgen vorbei hinaufgehen, denke ich plötzlich, o Gott, dieser Galgen wird hier noch lange stehen.

Aus dem Schnee wird wieder Regen, wir gehen hinaus, jeder drückt dem Führer etwas in die Hand, und ich erinnere mich plötzlich, daß mir der eine ehemalige Häftling gesagt hat, ich solle im Lager nach Monsieur Winter fragen, und ich frage ihn »Sind Sie Monsieur Winter?«, aber er versteht mich nicht und sagt, »er sprang mit einem Baum drüber, es war ein Pole«, und ich wage nicht, noch einmal zu fragen, und als ich später im Dorf nach Monsieur Sommer frage, dem Mann aus dem Dorf, der im Lager gearbeitet und den Häftlingen manchmal ein Stück Brot hingelegt hat, sagt der Briefträger »il n'y a pas de Sommer à Natzwiller«, und irgendwie bedeutet das etwas, denn ich erinnere mich, daß ich darüber gelacht habe, am Telefon, mit dem ehemaligen Häftling, daß ich mich in Natzweiler nach Sommer und Winter erkundigen sollte, aber Winter war nicht da, und »il n'y a pas de Sommer à Natzwiller«.

Beim Fräulein im Häuschen kaufe ich Bücher und Dokumente, die ich in der Nacht im Hotel durchlesen werde, ein Greuelzug von Zahlen, Namen, Prozessen, Medizinern, die noch frei herumlaufen, SS-Männern, die nie gefunden, und anderen, die gefunden und hingerichtet wurden oder sich schon wieder auf freiem Fuß befinden, und dann möchte ich eine Serie Schwarzweiß-Ansichtskarten kaufen, doch sie hält mir Technicolor-Fotos vor die Nase, mit dem Galgen und dem Denkmal, aber ich sage, daß ich die nicht haben möchte, und sie sagt, schade, denn es sei ja dieselbe Serie, zum selben Preis, und außerdem, sagt sie mit Überzeugungskraft, »bei der farbigen Serie kriegen Sie die Gaskammer noch dazu«.

Als ich zu meinem Auto komme, stehen einige neue daneben, darunter auch eins mit deutschem Kennzeichen. Ich blicke zurück auf diesen Ort und fahre los. Zwei Kilometer weiter sehe ich ein Schild *Zur Gaskammer*. Ich halte an. Da steht ein Gasthof, Le Struthof, und gegenüber ein rustikales, bauernhausähnliches kleines Gebäude mit einem dikken Schornstein an der Seite. Ich gehe erst ins Lokal, trinke einen Kaffee. Ein niederländisches Ehepaar unterhält sich übers Essen, und warum auch nicht, und auf dem Fenstersims liegt eine Ausgabe von *Het Vaderland*. Auf dem für mich sichtbaren Teil ist zu lesen: »Fien de la Mar gestorben«.

Später gehe ich in die Gaskammer. Ich bin allein. Ich gehe durch leere, steinerne Räume. Eine Tür ist verschlossen. Im Flur oder Eingang hängt ein Dokument, mit blauem Farbband getippt, das Geständnis des Lagerkommandanten Kramer. Wie er für Professor Hirt aus Straßburg fünfzehn Frauen vergasen mußte, mit dem und dem Gas. Wie er sie sich hatte ausziehen lassen, sie eigenhändig hineinschob und durch das Gitterfenster zusah. Daß sie ziemlich schnell zu Boden fielen und daß ihre Exkremente flossen. Daß er die Leichname am nächsten Morgen zum Professor (nie gefunden) geschickt hatte. Daß es ihm nicht leid getan hat, damals nicht und heute auch nicht, »weil er nun einmal so erzogen war«. Ich schaue durch das Gitterfenster, denke, hier stand er also, oder dergleichen. Innen ein steinerner Raum mit Kacheln an den Wänden, einem Loch in der Decke. Und dann kann ich gar nichts mehr denken. Ich gehe nach draußen und sehe in der *holden Natur* drei Autos mit niederländischen Kennzeichen näher kommen, einen Volkswagen, einen Mercedes und einen Porsche. Die eine Sekunde, in der mir durch den Kopf geht, daß eigentlich doch viel Interesse herrscht, wird durch drei große, orangefarbene Tulpen auf den hinteren Stoßstangen ausgelöscht, auf denen steht nämlich *Tulpenralley '65*. Aus dem Mercedes steigt eine Frau und ruft »beeilt euch, die anderen sind schon da«, und ich weiß, es gibt keinen einzigen Grund, warum sie das nicht hier und jetzt sollte rufen dürfen. GW 7, 446ff.

PARIS 1968 Es ist Nacht, drei Uhr, aber überall in der Nähe der Sorbonne und des Odéon, wo drinnen die Marathondiskussionen unvermindert weitergehen, stehen noch Leute in Gruppen beisammen und reden. Seit man weiß, daß de Gaulle sechs Stunden lang mit verschiedenen Militärs gesprochen hat, ist die Stimmung unsicher. Hier und da spricht jemand von einem Rechtsputsch, wird aber ausgelacht. Alle rechnen mit einer grundlegenden Veränderung, aber keiner weiß, wie sie aussehen wird. Währenddessen sitzt der Zauberer in seinem Landhaus und denkt nach, oder schon nicht mehr.

Eine Zeitungsverkäuferin in Blau kommt mit der ersten Ausgabe des *Paris-Jour*. Die Schlagzeile: »Heute entscheidet sich alles.« Durch autofreie Straßen gehe ich zum Odéon. Ein junger Mann im Mittelgang des Theaters leitet die Diskussion. Nach wie vor ein großartiges Erlebnis: Jemand spricht aus einer der goldenen Logen, schöne und ernste, endlich nicht mehr gelangweilte Gesichter wenden sich dorthin, Argumente strömen hin und her im längsten Gespräch der Welt, das jetzt schon seit Tagen rund um die Uhr andauert. Pragmatiker mögen einwenden, mit Reden und Träumen könne man kein Land regieren, und das stimmt wohl auch, doch wo es keine Träume und keine neuen Impulse mehr gibt, wenn nicht wenigstens einmal jeder, ausnahmslos jeder, die Möglichkeit erhält, alles zu sagen, und statt dessen nur noch zugehört oder gehorcht werden kann, liegt die Sache im argen, um nicht zu sagen: ist erstickt. Nie wieder, selbst dann nicht, wenn das hier schon lange vorbei sein wird, wird dieses Theater für mich ein »normales« Theater sein, denn dieses Bild ist unvergeßlich; was all die Kirchenältesten meinen, wenn sie sagen, es gebe keinen »menschlichen Kontakt« mehr, nun, hier gibt es ihn, Tag und Nacht, zwischen jung und alt, Arbeitern und Studenten, Männern und Frauen, Ökonomen und Soziologen, manchmal unsinnig, meist artikuliert, fundiert.

Wenn ich die Franzosen je beneidet habe, dann jetzt, und mit einer an Liebe grenzenden Eifersucht gehe ich zu Bett und höre noch gerade, bevor ich einschlafe, jemanden mit unüberhörbarem spanischen Akzent unten auf dem Platz rufen: »Vive les anarquistas!« GW 7, 668f.

GHOM 1975 1975 stand ich mit einer englischen Fotografin vor der Moschee der heiligen Stadt Ghom im Iran. Der Schah-in-schah regierte noch, und wir im Westen, die ihn als Tyrannen betrachteten, der er auch war, unterstützten, sofern die Höflichkeit gegenüber soviel Öl es erlaubte, die Studenten, Filmemacher und liberalen Politiker im Exil, die gegen seine absolute Herrschaft opponierten. An diesem Tag in Ghom jedoch bekam ich einen kleinen Vorgeschmack auf eine andere Art von Opposition. Als wir uns der Moschee näherten, wurden wir plötzlich von einem Schwarm schwarzgekleideter, hetzender und schimpfender Mullahs umringt. Einer von ihnen spuckte mir ins Gesicht, eine saftige Portion, die ich manchmal, wenn ich daran denke, mit einemmal wieder spüre. (...) Ich schrieb damals, die Revolution im Iran könnte durchaus von den puristischen Moslems ausgehen – auf das Wort Fundamentalisten war ich leider nicht gekommen. Der Bericht wurde im Mai 1975 veröffentlicht, und wenn der CIA des Niederländischen mächtig gewesen wäre, hätte er sich eine Menge Ärger ersparen können. GW 8, 68f.

Berlin 1989/1990

Auf den sich bewegenden Bildern ging das schnell, der Augenblick verschwand in den Klischees einer Ankunft. Gangway, Ehrenwache, ein alter Mann, der auf dem Beton wartet, Kuß. Erst wenn die Bilder stehengeblieben sind, sieht man die Intensität des Moments. Zwei davon betrachte ich genauer. Auf dem einen Foto fällt das Licht frontal auf Gorbatschows Gesicht. Es kann nicht die Rede davon sein, daß dies kein intimer Moment war. Er hat die Augen geschlossen, die Lippen gespitzt, sie stehen so weit vor, daß der Mund ein komisches Ding wird. Den anderen, weißhaarigen Mann sieht man von der Seite. Auch er wird wohl die Augen geschlossen haben, so brauchen sie einander bei ihrem Tun nicht anzuschauen. Sein Gesicht ist leicht angehoben, das linke Brillenglas fängt einen gekrümmten Lichtstrahl ein. Auf dem zweiten Foto sieht man, daß seine Hand auf der rechten Schulter des anderen liegt und seine Augen tatsächlich geschlossen sind. Es ist kein Judaskuß, auch das kann man sehen. Aber dennoch besiegelt dieser Kuß den Untergang des einen oder vielleicht den des anderen. Nichts ist schließlich in den jetzigen Umständen undenkbar, dieses Jetzt kann noch lange ausgedehnt werden.

Den Kuß führen Menschen aus, aber was sich dort küßt, sind Staaten, Strategien, politische Philosophien. Das Land, das ohne die Sowjetunion undenkbar war, wird von dem Land geküßt, das den Untergang der DDR, so wie sie ist, denkbar macht. Die von Lenin und Stalin geerbte Orthodoxie wird von der Häresie geküßt. Die Philosophie, die alles in Gang gesetzt hat, küßt die Philosophie, die am Alten festhält. Das gemeinsame Haus küßt das getrennte Haus. Der eine Mann verkörpert eines der größten Abenteuer der Geschichte, eine Revolution, das der andere nun just als Verrat der Revolution empfindet. Unsichtbar auf dem Foto sind die anderen, jene, um die es geht. GW 5, 354f.

Donnerstag abend. Ich bin zurück in Berlin und mit Fotografin und einem Freund in einem Taxi unterwegs. Wir unterhalten uns, und auf einmal höre ich etwas im Geräusch der Stimme aus dem Autoradio, ein Geräusch, das ich kenne. Es hat den quengelnden, gehetzten, sich selbst noch nicht recht glaubenden Ton großer Ereignisse. Der Taxifahrer ist ein Mädchen, ich bitte sie, das Radio etwas lauter zu stellen, aber das ist gar nicht mehr nötig, sie erzählt uns die Neuigkeit, nachdem sie weiß, daß wir ihre Sprache verstehen. Sie ist aufgeregt, wirft die blonden Haare zurück, schreit fast. Die Mauer sei geöffnet, alle seien auf dem Weg zum Brandenburger Tor, ganz Berlin sei auf den Beinen, wenn wir nichts dagegen hätten, würde sie uns hinfahren, sie wolle es auch sehen, wenn es uns nichts ausmache, da jetzt hinzufahren, stelle sie den Taxameter ab. Der Verkehr wird zusehends dichter, schon hundert Meter nach der Siegessäule kommt man kaum mehr weiter. In dem qualmenden Trabant neben uns halten uns junge DDR-Bürger ihr Visum entgegen, ihre Gesichter sind in der nächtlichen Beleuchtung bleich vor Aufregung. Ich sage dem Mädchen, daß sie zum Reichstag besser über die John-Foster-Dulles-Allee fahren könnte. Dulles, Reichstag, Krieg, kalter Krieg, hier kann man nichts sagen, ohne in einer Vergangenheit zu sprechen.

Das düstere Schiff des Reichstags liegt in einem Menschenmeer, jeder versucht, auf die hohen Säulen des Brandenburger Tores zu klettern, zu den rasenden Pferden ganz oben, die früher in die andere Richtung stürmten. Das Podest, von dem aus man Unter den Linden überblicken kann, schwankt unter der Last der Menschen, mühsam kämpfen wir uns nach oben, wenn jemand herunterkommt, rücken wir wieder um einen Körper weiter. Der leere Halbkreis vor den Säulen wird von unechtem, orangefarbenem Licht beleuchtet, die geschlossene Front der Grenzsoldaten darin sieht aus wie eine machtlose Reihe gegen die Gewalt der Menge auf unserer Seite. Wenn ein Jugendlicher auf die Mauer klettert, versuchen sie ihn herunterzuspritzen, aber der Strahl ist meistens nicht stark genug, und die einsame Gestalt bleibt stehen, naß bis auf die Knochen, ein lebendiges Standbild in einer Aura weiß erleuchteten Schaumes. Schreien, Grölen, das hundertfache Blitzlicht der Kameras, als sei die Mauer schon durchsichtig, als gäbe es sie schon fast nicht mehr. Die Jungen tanzen in den Wasserstrahlen, die verletzbare Reihe der Soldaten ist das Dekor zu ihrem Ballett. Im Halbdunkel kann ich deren Gesichter nicht sehen, und sie wiederum sehen nur die Tänzer. Die anderen, das große Tier Masse, die immer mehr anschwillt, können sie nur hören. Hier findet der Abriß ihrer Welt statt, der einzigen, die sie kannten. Auch auf dem Rückweg will das Mädchen den Taxameter nicht einschalten. Sie sagt, daß sie glücklich sei, diesen Augenblick nie mehr vergessen könne. Ihre Augen leuchten. Ihr Freund sei nun irgendwo an der Mauer, gern würde sie diesen Moment mit ihm teilen, aber sie wisse nicht genau, wo, und außerdem müsse sie bis sechs Uhr morgens arbeiten. GW 5, 360f.

Bald gibt es keine Mauer mehr, bald ist es ein Land. Aber auch wenn die Mauer nicht mehr steht, in den Köpfen wird sie weiterexistieren, es wird lange dauern, bis die beiden Deutschland auch da ineinandergesickert sind, und das wird durch die Langsamkeit, in der das geschehen wird, viel weniger sichtbar sein als die äußeren Zeichen der Einheit: dieselben Geldscheine, Reklamen, Straßenschilder, Beschriftungen, Uniformen. Das Unsichtbare siedelt im Denken, im weggefallenen Schutz, den die Isolation auch geboten hat. Weigerung des Westens existiert genauso stark wie Abneigung des Ostens, wer in einem Jahr über Magdeburg auf der Autobahn nach Berlin fährt, wird in seinem geistigen System etwas Undeutbares bemerken, die Abwesenheit einer Grenze, ein Seufzer früherer Gedanken, er wird in ein Land fahren, das es nicht mehr und doch noch gibt, ein unsichtbarer Staat mit sichtbaren Einwohnern, eine Denkweise, die nicht mittels Erlaß, sondern nur durch Verschleiß abgeschafft werden wird. GW 5, 509f.

Man wartet auf bessere Straßen und auf die Entscheidung, ob Berlin Hauptstadt wird, auf einen ausgeglichenen Etat und die Neubebauung des Potsdamer Platzes, auf den Prozeß gegen Mielke und auf neue Zuwanderer, auf Arbeit und auf Enthüllungen, auf Investitionen und Pleiten, die ganze Stadt lungert im Wartezimmer der Geschichte herum, und während alles, was hier passiert, sehr wirklich ist, liegt gleichzeitig ein Gefühl der Unwirklichkeit über den Straßen und Plätzen, als wäre die Welt nicht echt, als könnte etwas ganz anderes passieren, und niemand weiß, was, doch was es auch sein mag, es wird etwas mit der Idee der Geschichte zu tun haben. Der Geschichte entrinnt diese Stadt nicht, und vielleicht ist es das, was hier los ist, oder *auch* los ist. Geschichte sollte etwas sein, was geschehen ist, nicht etwas, was geschieht. Wer glaubt, er mache Geschichte, kann sich nicht auf die Wirklichkeit konzentrieren, doch eine Stadt, die gesättigt ist mit Zeichen aus der Vergangenheit, mit beschädigten Säulen neben unversehrten Säulen, mit konzipierten Standbildern und zufälligen Einschußlöchern, eine Stadt, die sich als *eine* große steinerne Erinnerung lesen läßt, die täglich an ihre Rolle von früher und noch früher erinnert wird, kann sich nicht unbefangen im Heute bewegen. Geschichte ist unsichtbar, weil sie langsam voranschreitet, es kommt nur sehr selten vor, daß sie sich antreiben läßt. Ein solcher Augenblick war jener Tag im November 1989, die Folgen dieses Tages freilich stellen sich mit der Langsamkeit eines Schachzugs ein, und die Bewohner sind diejenigen, die den nächsten Zug tun, und zugleich die, welche das Resultat abwarten müssen, und das Warten ist deutlicher als das Tun.

GW 5, 530f.

PETZOW 1990 Es ist Sonntag, der 6. Mai. Ich bin mit einigen Freunden nach Petzow gefahren, dem Park eines Landgutes bei Potsdam. Wir liegen im Gras am See, einer liest aus Fontane vor, im Schloß des früheren Schloßherrn hat man ein Wahllokal eingerichtet, es ist der Tag der Kommunalwahl. Fontane beschreibt diesen Park. Meine Freunde genießen ihre wiedergewonnene Welt, Berlin hat hundert neue Landschaften dazubekommen, der Käfig ist nun endgültig offen, und in zehn Jahren kann sich niemand mehr das frühere Gefängnis vorstellen. Ein DDR-Bürger, der die neue Zeit verstanden hat, verkauft selbstgebackene Torten und geräucherte Forellen, ich verlasse die Gesellschaft und schlendere durch den Park, die Felder am Wasser voller Schwertlilien und Ehrenpreis. Auf einmal stoße ich auf einen Stein, da hat im Jahr 1943 der Schloßbesitzer einen Antifaschisten ermordet. Mehr steht nicht drauf. Ich versuche es mir vorzustellen, doch es gelingt mir nicht. Die Ahornbäume, die vollen Kastanien, der üppige Frühsommer, die kleinen Boote auf dem ruhigen See, die Körper im Gras ausgestreckt, sie wollen das Böse vertrieben haben, dieser Stein spricht heute nur zu sich selbst. GW 5, 493f.

WEIMAR 1990 Hier war ich letzten Winter schon einmal. Eigentlich müßte ich die Stadt mit Goethe identifizieren, aber es wird Braunkohle. Unsinn natürlich, denn der eine bleibt, und das andere verschwindet wieder, trotzdem, der Kohlegeruch ist unvergeßlich. Letzten Endes wird es so sein, daß ich an Goethe denken werde, wenn ich irgendwo Braunkohle rieche. In der ganzen DDR riecht man sie, an manchen Tagen weht sie auch aus Ost-Berlin in meine Westberliner Wohnung hinein, aber so stark wie damals in Weimar war der Geruch nie. Und ob es nun an den besonderen klimatologischen Umständen jener Wintertage lag oder nicht, ich weiß noch, daß ich in meinem Hotel mitten in der Nacht aufgewacht bin mit dem Gefühl des Erstickens, als hätte jemand das Gas nicht zugedreht. Ich habe das Fenster aufgemacht, aber es wurde nur noch ärger, sogar mein Speichel schmeckte danach: Ich hatte Gas im Mund. Tags darauf lagen überall große Kohlehaufen auf der Straße, einfach hingekippt, wie der Milchmann eine Milchflasche vor die Haustür stellt. Ich hatte mich in Goethes Weißem Elephanten einquartiert, dem berühmten Hotel, das heute nur noch aus diesem Namen besteht, der Rest ist Neubau, bleichsüchtige, viel zu teure Zimmer, das Restaurant eine Art Binnenmeer für Parteibonzen, ein mißlungener Versuch von Grandeur. Die Stadt schien traurig an jenen Wintertagen, als hätte sie sich zeitweilig zurückgezogen, als lebte sie von ihren Reserven und ihren Erinnerungen, verarmter Adel.

GW 5, 487f.

NEW YORK 1975/2001 Ich beginne von hinten. Es war ein strahlend klarer Tag in New York, 1975. Ich hatte am Morgen einige alte Stiche gesehen, einer davon hieß *Neu Amsterdam auf dem Eiland Manhattan*, und jemand hatte mir erklärt, dies ungefähr müsse die Stelle gewesen sein, an der jetzt das

World Trade Center stehe. Von diesem war auf dem alten Stich noch nichts zu sehen, es war eine völlig überflüssige Mitteilung, aber natürlich konnte die Phantasie es nicht lassen, sich die beiden hohen ranken Türme hinter den paar behäbigen holländischen Bürgern mit ihren großen Hüten vorzustellen, die dort am Strand entlangspazierten. (...) Möglicherweise durch diese Stiche angeregt, ging ich noch am selben Nachmittag zum World Trade Center. Es stand hoch und rank da, und ich fühlte mich bemüßigt, etwas darüber zu schreiben, das ich 1975 veröffentlichen und danach vergessen sollte und woran jemand mich 2001, nach dem berüchtigten 11. September, erinnern sollte, und sei es nur deswegen, weil diese Person glaubte, ich besäße prophetische Gaben, hatte ich doch geschrieben: »In der weißen Morgensonne stehe ich vor dem neuen Trade Center und werde kleiner und kleiner, bis ich zu dem geschrumpft bin, was jemand aus dem obersten Stockwerk von mir sieht: nichts. Silbrig leuchtend stehen sie da am Fluß, die beiden Türme, alles ringsum zu etwas Altmodischem erdrückend und dennoch irgendwie verwundbar, fragil, etwas, was unmöglich bleiben kann und eines Tages mit einem Seufzer in sich zusammensinkt, zusammengeknüllt wie ein Zigarettenpapier. Ich gehe nicht hinein, genauso wie man nicht in Zierat hineingehen will.« GW 8, 146f.

Zwischen den Welten und Zeiten Auf dem Nieuwendijk in Amsterdam geht eine marokkanische Familie. Die Mutter trägt ein langes braunes Gewand und ein Kopftuch, der Vater ist westlich gekleidet und führt seinen ungefähr sechsjährigen Sohn an der Hand, der neugierig in alle Schaufenster blickt. Sie kommen von der Brücke über den Singel, und rechts gibt es dort ein Lebensmittelgeschäft und dann einen Sexladen mit dem üblichen Instrumentarium. Nichts bleibt der Phantasie überlassen, riesige Penisse im Zustand höchster Erregung, aufgesperrte Vaginen, Brüste wie nach vorn gerichtete Euter, der ganze, einst für die Intimität gedachte Fleischladen nach außen gewandt, ist zu kaufen oder zu mieten. Entschleiert, könnte man sagen.

Die Frau hat nicht hingeschaut, der Vater seinen kleinen Sohn an sich gezogen. Nichts ist passiert, und doch ist etwas passiert. Ein Nanogramm Meinung über uns, wer auch immer das sein mag, ist im inneren Archiv der drei Passanten abgelegt worden. (…)

Beim Apotheker. Ein sehr großer, ungefähr fünfzigjähriger Mann in Dschellaba mit einem kleinen, ungefähr sechsjährigen Mädchen an der Hand. Er legt ein Rezept vor, doch das nachfolgende Gespräch kann er nicht führen, da er kein Wort Niederländisch spricht. Das Mädchen dolmetscht und spricht für ihn, und dabei geschieht etwas, dessen Konsequenzen sie beide noch nicht überblicken. Er verliert einen Teil seiner Macht an sie. Der Vorsprung, den sie nun zu ihm gewinnt, wird bereits in zehn Jahren zu großen Konflikten führen.

GW 8, 147/151

USA/Irak, 2003-2008 Viele meiner Texte und Gedichte über die islamische Welt sind die Berichte eines unschuldigen Reisenden, oder vielleicht sollte ich sagen: eines Reisenden in einer unschuldigen Zeit. Ich war jung und ich reiste durch eine Welt, die von anderen Gefahren bedroht wurde: der Atombombe und dem kalten Krieg. Ich war arm und reiste durch eine Welt großer Armut und unvorstellbaren Glanzes. Ich sah, wie der Sultan von Marokko auf seinem Schimmel ausritt, sah, wie seine Offiziere ihm die Hände küßten, sah die Märchenerzähler und Schlangenbeschwörer in Marrakesch, hörte den stets wiederkehrenden Ruf der Muezzins in Kairouan, Tanger, Jakarta, Kuala Lumpur, Teheran, Ghom, Dubai, nahm die Inbrunst der Gläubigen in den Vorhöfen der Moscheen von Mopti, Isfahan, Delhi wahr. Ich sah eine Welt, die ich sehen wollte, eine exotische, orientalische Welt aus Tausendundeiner Nacht, die weiblichen Formen goldener und glasierter Kuppeln, die Verlockung der mäandernden arabischen Schrift, ich blieb außen, genauso wie ich bei den Niederlagen Syriens und Ägyptens außen blieb oder beim verzweifelten Drama zwischen Israel und den Palästinensern, das die Wirkung eines Brennglases hat in einer extrem entflammbaren Welt. Doch dieses Außen gibt es nicht länger, es ist zu uns gekommen und wird dies auch in Zukunft tun. Die erste Ahnung davon wurde mir 1975 in Form eines Spuckebatzens in der heiligen Stadt Ghom zuteil.

Im Januar 2003, Monate bevor Bush und Blair diesen unseligen Krieg begannen, schrieb ich folgendes: »Es ist natürlich ein teuflisches Dilemma – es sei denn, man glaubt an die Ethik des Westerns.

Auf der einen Seite der Tyrann und Mörder, der sein eigenes Volk unterdrückt und lebensgefährlich werden kann, auf der anderen der Held an der Spitze der Gemeinschaft der Gerechten, der den verhaßten Widersacher bestrafen und stoppen will, bevor es zu spät ist.

Der Held zaudert nicht. Wer lauthals zweifelt, das sind seine Freunde, denen er früher, als sie in Not waren, geholfen hat. Sie wollen ihm in dem Moment in den Arm fallen, als er zum entscheidenden Schlag ausholen will. (…) Doch kein Held läßt sich gern aufhalten. (…) Bleiben zwei Möglichkeiten. Entweder es gibt einen Blitzkrieg, und dann wird es eine Zeitlang den Anschein haben, als sei alles in Ordnung. Oder es kommt so, wie dieses alte Europa, das sich in der Vergangenheit so viele greuliche Kriege selbst angetan hat, aus Erfahrung weiß: Blut und Niederlage ziehen Blut und Groll nach sich. (...)

Dies hätte ein gerechter Krieg sein können, wäre er nicht präventiv. Es gibt zu viele Ambiguitäten in der amerikanischen Politik: Tschetschenien, Israel. Wirkliche Helden messen nicht mit zweierlei Maß. Ein Talleyrand hätte Bush gesagt, er müsse über Saddams dunklen Schatten hinweg auf den Rest der islamischen Welt blicken, wo die Wahrnehmung einer Niederlage in den Terror der Rache münden kann. Aber Talleyrand konnte Napoleon auch nicht aufhalten.«

Nun, da wir wissen, wie es ausgegangen ist, verspüre ich nicht den geringsten Triumph, recht gehabt zu haben, das wäre auch widerwärtig. Die Dinge haben sich mittlerweile in beängstigender Weise zugespitzt. Auf der einen Seite »unsere« Armee im Irak und in Afghanistan und das den gesamten Globus überstrahlende westliche Weltbild, und auf der anderen der fundamentalistische Terror und die großen muslimischen Bevölkerungen in Europa – damit sind wir in einem Konflikt, der zeit unseres Lebens nicht mehr überwunden werden wird, füreinander zur fünften Kolonne geworden. Und wenn es auch nur den Ansatz einer Lösung dafür gibt, so kann dieser nur in der Ausräumung der unvorstellbaren Unwissenheit in bezug aufeinander liegen.

GW 8, 161 ff.

Grossbritannien, Juni 2016 Stellen Sie sich für einen Augenblick ein ausgefallenes Gesellschaftsspiel vor. Denken Sie an die berühmte Darstellung des Wiener Kongresses von Jean-Baptiste Isabey aus dem Jahr 1815. Achten Sie auf die anwesenden Herrschaften, Zar Alexander I. von Rußland, der Herzog von Wellington, der listige und unverwüstliche Talleyrand, in Anwesenheit eines Dichters und eines Schriftstellers, de Lamartine und Chateaubriand. Dann natürlich Metternich, die Bayern, die Sachsen und die Preußen, Karl August Fürst von Hardenberg, Alexander und Wilhelm von Humboldt. Sogar ein Vertreter Hollands mit deutschem Namen ist dabei, Hans Christoph Ernst von Gagern. Einmal mehr geht es um europäische Geschichte. Denken Sie auch an Rapallo, an Molotow/Ribbentrop, an Versailles und die Folgen, die Geschichte unseres Jahrhunderts. Werfen Sie dann erneut einen Blick auf die Wiener Gesellschaft.

Wir wollen das Ganze einfach halten, auch wenn wir wissen, daß die Russen auf das Ergebnis spekulieren. Damals wie heute sind sie dabei.

Streichen Sie nun Robert Stewart Viscount Castlereagh, den Herzog von Wellington, den Earl von Aberdeen und den Rest der britischen Delegation. Denken Sie daran, es ist nur ein Spiel. Schicken Sie sie hinaus; das bedeutet fünf freie Plätze. Achten Sie auf die maßlose Überraschung in Metternichs und Talleyrands Gesicht. Wo sind denn die Briten? Haben sie sich tatsächlich vom Tisch abgewandt? Aus freien Stücken? Wollen sie nicht länger teilhaben? Nochmals: Haben sie sich wirklich abgewandt?

Ja, das haben sie. Sie überlassen das Feld den anderen. Die Franzosen schauen zu den Deutschen.

Kann das wahr sein? Seit dem Zweiten Weltkrieg ist ganz Europa ein einziger endloser, verzwickter Wiener Kongreß.

Nonsens? Ja, Nonsens, aber ...? In den letzten Monaten haben wir täglich Neues über den Brexit gelesen und gehört. Ökonomen, Politiker und Kommentatoren haben uns mit Argumenten für und wider überschwemmt. Wir haben unsere Unschuld verloren. Es gibt kein Entkommen. Wir müssen eine Meinung vertreten. Der *Guardian* will meine dazu hören. Ich bin kein Ökonom. Ich bin ein Dichter, wie de Lamartine. Und ich habe ein Buch über Deutschland geschrieben. Macht mich das zum Experten? Während des Zweiten Weltkriegs war ich noch ein Kind. Mein Vater starb bei einem britischen Luftangriff auf Den Haag im März 1945. Aber nicht die Engländer haben den Krieg begonnen, sondern die Deutschen. Und die Deutschen haben besser verstanden als viele andere, daß sie auf der falschen Seite standen. Deshalb sind sie heute überzeugt davon, daß sie kein deutsches Europa, sondern ein europäisches Deutschland wollen.

Was, wenn nun aber der EU-Austritt Großbritanniens Deutschland dazu zwingt, das entstandene Vakuum in Europa zu füllen? Schon allein aufgrund seines spezifischen Gewichts, seiner zentralen Lage, seiner Wirtschaftskraft und seiner Geschichte, die auch in Zukunft die Geschichte ganz Europas entscheidend beeinflussen wird – allein aufgrund seiner Präsenz? Und welche Auswirkungen hat das auf die anderen europäischen Länder?

Ich bin, trotz allem und inmitten all der traurigen Tumulte der Separatisten und Populisten, ein überzeugter Europäer. Außerhalb Großbritanniens können die Europäer diesmal nicht über ihre Zukunft entscheiden. Doch wer entscheidet dann? Die Leser dieser Zeitung? Ja, aber auch all jene, die keine Leser dieser Zeitung sind. Wer ist das? Farmer aus Yorkshire? Ingenieure aus Glasgow? Verkäuferinnen aus Manchester? Seeleute aus Southampton? Die *Financial Times* vom Samstag sagt mir, daß viele Hedgefonds-Manager die Kampagne der Brexit-Befürworter unterstützen. Es handelt sich dabei um jene Leute, die vor nicht allzu langer Zeit in einer französischen Zeitung als Dandys der Apokalypse bezeichnet wurden … Aber wer liest in England schon französische Zeitungen. David Cameron hat vor der Gefahr eines Dritten Weltkriegs gewarnt. Das scheint weit hergeholte Rhetorik und wurde belächelt.

Und doch, wer würde es wagen, darauf zu wetten, daß Historiker im Falle einer Entscheidung für den Brexit später nicht von einem Versailles-Moment sprechen werden. Castlereagh und Wellington haben den Wiener Kongreß nie verlassen, und was mich angeht, sollten David Cameron oder die Herren Johnson oder Corbyn ihren Sitz an den Tischen Europas behalten. Unsere Probleme sind vielfältig, aber siebzig Jahre Frieden sind zu kostbar, um die gemeinsame Zukunft aufs Spiel zu setzen. *2016*

Europäisches

Es ist unmöglich, sich die Karte Europas anzusehen, ohne geschichtlich zu denken. Ich habe einmal zusammen mit einem ungarischen Freund auf dem Trödelmarkt in Budapest eine Karte Mitteleuropas erstanden, die alle Tanzschritte verzeichnete, die die Geschichte allein im letzten Jahrhundert in jenem Gebiet vollführt hat, ein fortwährendes nervöses Hin und Her von Grenzen und von Minderheiten, von dem einem rasch schwindlig wird. Ungarn ist nicht länger Teil der österreichisch-ungarischen Monarchie, die Tschechoslowakei gehört nicht mehr zum sogenannten Ostblock, die Slowakei hat sich von Tschechien getrennt, doch diese Brücke überspannt noch immer die Donau, und das Wasser darunter strudelt und strömt wie ehedem und kümmert sich nicht um das menschliche Treiben da oben. So war es damals, und so ist es heute. Dieser ganze Kontinent ist bedeckt mit Narben, und all diese Narben kennen wir mit Namen, Srebrenica, Rotterdam, Guernica, Canterbury, Sarajevo, Ouradour, Dresden, Namen, die sich in viel ältere und viel längere Reihen einfügen lassen, von den Thermopylen und Sagunt bis hin zu Hastings und Waterloo, Litaneien erinnerten Unglücks, in denen auch die Zerstörung Santiagos durch Al-Mansur ihren Platz hat, Teil eines Kampfes zwischen Christentum und Islam, dessen Ausgang das Gesicht Europas für immer geprägt hat. GW 8, 141

Lassen Sie mich drei kleine Fabeln erzählen. Sie stimmen nicht, das tun Fabeln nie, aber sie drücken besser aus, was ich sagen möchte, als politische Abhandlungen ex cathedra, die weder meinem Stil entsprechen noch meine Domäne sind. In einem der großen, eleganten, aber ein wenig heruntergekommenen Clubs, wie man sie in London findet, saßen die europäischen Währungen beisammen. Jeden Tag maß man in einem Nebenzimmer des Clubs ihre Temperatur und zeigte das Ergebnis draußen an, für Börsen, Banken und Spekulanten. Es dürfte Sie kaum wundern, daß es sich ungeachtet des grammatischen Geschlechts ausnahmslos um Männer handelte. Ich weiß nicht, ob Sie sich jemals eine bildliche Vorstellung von der Mark oder dem Gulden gemacht haben, aber im Vergleich zur Drachme und zum Escudo, vom Dinar, Leu und Zloty ganz zu schweigen, wirken die beiden blühend, ja geradezu unverschämt gesund. »Aber im Grunde sind sie doch Angeber«, sagte das Pfund zum Französischen Franc, der bereits die ganze Zeit versuchte, die Deutsche Mark auf sich aufmerksam zu machen. Der Franc erwiderte nichts und erhob sich, weil er den Rubel auf sich zukommen sah. »Ich hab ja schon immer gesagt, daß nichts dabei rauskommen würde«, murmelte das Pfund, doch der Gulden, der das gehört hatte, sagte: »Dazu hast du ja auch nach Kräften beigetragen.« Auch die Peseta war nicht glücklich. »Zuerst hieß es, wir dürften auch mitmachen«, sagte sie zur Lira, »und plötzlich waren wir nicht mehr gut genug. Jahrelang tut man sein Bestes, man glaubt alles, was sie sagen, und auf einmal erzählen sie einem, man habe nicht genug gespart, man verdiene nicht genug und man dürfe vielleicht, wenn man sich gut betrage, in ein paar Jahren noch mal anfragen.« »Das Boot neigt sich auf die Seite des Schwersten«, sagte die Lira zerstreut, während sie versuchte, sich den albanischen Lek vom Leibe zu halten und sich gleichzeitig etwas Intelligentes einfallen zu lassen, was sie zur Mark sagen könnte. In diesem Augenblick wurde die Tür aufgerissen, und ein junger Mann im Jogginganzug stürmte herein. »Mein Gott, auch das noch«, sagte das Pfund seufzend zum Schweizer Franken, »allein schon der Gedanke, sich mit diesem Newcomer, diesem Parvenü gemein machen zu müssen!«

Der Ecu, denn um niemand anderen handelte es sich, schien diese Bemerkung überhört zu haben. Er schlug dem Pfund auf die Schulter, daß es dröhnte, und rief: »Na, altes Haus, wie geht's? Schon ein bißchen besser? Mrs. Thatcher wohlauf?« und ging schnurstracks weiter zu Mark und Gulden, die offenbar ein wenig darauf gewartet hatten. »Kann ich euch mal kurz unter vier Augen sprechen«, sagte er, »ich habe gerade den Dollar und den Yen bei McDonald's getroffen, und die meinten ...« Der Rest war für die übrige Gesellschaft nicht zu verstehen, denn in diesem Augenblick hatte der Forint seinen ganzen Mut zusammengenommen und war auf den Ecu zugegangen. »Hätten Sie wohl einen Augenblick Zeit für mich?« fragte er. Der Ecu sah die Mark an, blickte auf seine Armbanduhr und sagte: »Tut mir leid, mein Guter, jetzt geht's wirklich nicht, aber Sie können gern eine Nachricht bei meiner Sekretärin hinterlassen.«

Ungefähr zur gleichen Zeit, jedoch im Arsenal zu Wien, in dem sich heute das Heereskundliche Museum befindet, hielten die alten europäischen Schlachten ihr jährliches Treffen ab. Alle waren gekommen, von der Schlacht bei den Thermopylen bis hin zur Seeschlacht bei Lepanto, der Entsatz Leidens und die Schlacht an der Somme, Stalingrad und die Ardennenoffensive. Es war ein gemütliches Beisammensein. Die Herren – Schlachten sind ebenfalls Männer – beugten sich über eine Karte des ehemaligen Jugoslawien und waren emsig mit verschiedenfarbigen Fähnchen beschäftigt. »Ich hab's dir ja gesagt«, meinte Montecassino zu Austerlitz, »Europa bleibt eben Europa, und wenn sie die Leute dort noch ein wenig gewähren lassen, wird es noch sehr lange Europa bleiben.« »Und das Verrückte daran ist«, sagte Waterloo zu Arnheim, »es ist *wieder* Sarajevo. Hättest du das erwartet? Sieh dir nur mal die Karte an, die sie gerade ausbrüten, dagegen ist Balfour mit Palästina gar nichts!« »Nein, für so was braucht man die Briten«, sagte Trafalgar stolz. »Aber die Deutschen sind auch nicht ohne«, sagte Verdun, »wenn sie Kroatien nicht so schnell anerkannt hätten, wäre es niemals so ein Trümmerfeld geworden!« »Sie dachten, es würde schon gutgehen«, sagte Troja zu Hastings, »immer der gleiche Fehler: das menschliche Element wird außer acht gelassen.« »Genau«, sagten Poitiers und Saguntum, »es fehlt eben am Geschichtsbewußtsein. Wer ohne Erinnerung leben möchte, wird immer wieder bei uns landen. Noch jemand ein Gläschen Portwein?«

Vor ungefähr fünfzig Jahren lebte in Frankreich ein junger Komponist. Eines Nachts träumte er, man habe ihn beauftragt, die Hymne für das neue Europa zu komponieren. Das Glück, das er empfand, existiert nur in Träumen, so wie man auch nur in Träumen fliegen kann. Und so flog er, er schwebte über die weißen Schneeflächen Finnlands und die hohen Gipfel der Tatra, über die norwegischen Fjorde und die Ebene Hollands, er sah das liebliche Umbrien und die Lagune von Venedig, er schwebte über das Forum Romanum, die Akropolis, die roten Mauern des Kreml, er folgte dem Lauf des Tejo durch Spanien und Portugal, und die ganze Zeit hörte er die Melodie seines Liedes, das er ohne Worte sang, und er wußte mit der Klarheit des Traumes, daß in seinem Lied alle Gegensätze ausgeglichen sein und zugleich nichts von der Größe, aber auch nichts von der Bitternis der Vergangenheit in der Melodie verlorengehen würden; sie würde die Erfindungen umfassen und die

Schlachten, die Worte Sokrates' und die Gedichte Ovids, die Handschrift Rousseaus und das Lied Mahlers, den Maler der Nachtwache und den Leipziger Thomaskantor, die Bibliothek des Erasmus und die Erinnerung Goethes, die Abteien und Kathedralen würden darin vorkommen und die Hammerschläge von Wittenberg, die Synagoge von Amsterdam und die Pilgerfahrt nach Santiago, das Feuer der Ketzerverbrennung und das Gebrüll des Diktators, das Flüstern Romeos und das Gespräch mit Sancho Pansa, die Psalmen aus Cluny und die Gitarre aus Sevilla, Himmel und Hölle einer unendlich scheinenden Vergangenheit, und als Grundton das Rauschen all der Millionen Gespräche, die jemals in seinem Erdteil geführt worden waren, der Singsang der Sprachen aller Himmelsrichtungen, die verstreuten, für immer vergessenen und für immer im Gedächtnis bewahrten Worte, die Wehklagen aus den Lagern, der Jubel der Befreiung, der Peitschenhieb des Urteils, der Gesang des einsamen Wanderers auf der Landstraße – und während er jedes dieser Geräusche für sich hörte, sang er in seinem Traum das Lied, das sie alle zusammen bilden würden, und er schrieb die Noten für die Instrumente, einunddreißig würden es sein, für jedes Land seines Kontinents eines, denn für das Zwölftonsystem in der Politik hatte er nichts übrig. Dann kam der Tag, an dem seine Hymne zum erstenmal gespielt werden sollte. Der Saal in seinem Traum glich vielleicht diesem, das Orchester vielleicht dem Orchester hier. In tiefer Stille schritt er langsam zum Dirigentenpult, sah die Orchestermitglieder an, hob den Taktstock. Dann gab er das Zeichen für den Einsatz, und was daraufhin geschah, muß ihn zu einem Aufschrei veranlaßt haben, denn es erklang eine erbärmliche Kakophonie, die nach wenigen Takten in fassungsloser Stille endete … – und mit der unfehlbaren Logik des Traumes wußte er, was hier geschehen war: Jeder der

Musiker hatte nicht das neue Lied, sondern die ersten Takte der eigenen Nationalhymne gespielt, »Deutschland über alles« neben der »Marseillaise«, »God save the Queen« neben der »Brabançonne«, und das multipliziert mit 31. Ich sagte es bereits, Fabeln sind simpel, sie bringen keine Wahrheit, sondern ein Gefühl zum Ausdruck. Wo ist das Europa, von dem wir all die Jahre geträumt haben? Wohin ist es entschwunden? Wer hat es mitgenommen? Haben es die Serben mitgenommen? Haben es die Spekulanten mitgenommen? Haben es die dänischen Neinsager mitgenommen? Haben es die französischen Bauern mitgenommen? Die polnischen Stahlarbeiter? Die spanischen Fischer? Die ohnmächtigen Politiker mit ihren leeren Worten? Die Toten von Sarajevo? Die Minderheiten? Die Neofaschisten? Die ostdeutschen Arbeitslosen? Die Bundesbank? Die britischen Euroskeptiker? Wo ist es? Ist es in Brüssel, oder ist es in London? In Athen oder im Kosovo? Falls es noch irgendwo sein sollte, möchten wir es gerne wiederhaben, nicht das Europa des Marktes oder der Mauern, sondern das Europa der Länder Europas, aller europäischen Länder. Von dem deutschen Philosophen Helmuth Plessner stammt ein Buch mit dem Titel *Die verspätete Nation*. Er schrieb es in den dreißiger Jahren, und niemand hörte auf ihn. Man müßte uns Europa zurückgeben, bevor die Verspätung endgültig und Europa unwiederbringlich verloren ist. GW 8, 116ff.

Fluß, Brücke. Fluß, der die Länder trennte. Brücke, die sie verband. Über die Brücke kamen die Wörter. Wörter in den Westen, Wörter in den Osten. Mitten auf der Brücke wechselten sie das Geschlecht. Aus *le temps* wurde die Zeit, aus der Mond wurde *la lune*, aus *la mort* der Tod, doch alles, was diese Wörter sagen wollten, bedeutete stets dasselbe, weil der Mond nun einmal der Mond ist, der Tod der Tod und die Zeit die Zeit. Der Fluß war eine Grenze, die jetzt keine Grenze mehr ist. Er hat noch immer zwei Ufer, und an diesen beiden Ufern spricht er in zwei Sprachen, die mit anderen Wörtern dasselbe sagen. *Le pont* und die Brükke, die männliche und die weibliche Brücke, die Europa an der Stelle zusammenschnürt, wo es Schmerzen hatte. Wunden heilen langsam, doch der Fluß ist geduldig. Er konnte warten, bis der männliche und der weibliche Krieg, bis der Krieg und *la guerre* vorbei waren, um wieder er selbst zu werden, Wasser, das durch eine Landschaft fließt, auf beiden Seiten Menschen mit ihren Wörtern. Wörter, die anders klingen und dasselbe sagen wollen. Wasser zwischen Ursprung und Mündung, zwischen Landschaften mit Äckern, Weingärten, Dörfern und Städten, ein Fluß in Europa.

GW 8, 745 f.

Phantasieren und Erinnern

Die wir nicht sind
die wir selbst sind.

Der über den Worten ist
der in den Worten ist.

Der neben dem Gedanken ist
der der Gedanke ist.

Wer legt die Spur
in den weißen Sand
eines Blattes?

Wer legt sie aus?

GW 1, 23

Die Phantasie hat keinen anderen Ausgangspunkt als sich selbst. Sie ist nicht wertfrei, liefert freilich auch keine Werte auf Bestellung. Sie wirkt in der Welt als subversive Kraft, als Trost, als Enthüllung, als Widerstand, als Besinnung, sie hat die tausend Gesichter des Unbenennbaren, sie geht ihrer Wege und taucht immer dort auf, wo sie von keinem erwartet wird, und stets wird sie sich über unsere Fragen und Forderungen wundern. Poesie, Fiktion, Phantasie – es geht immer, wie Marianne Moore es so unnachahmlich formuliert hat, um *imaginary gardens with real toads in them*, imaginäre Gärten mit wirklichen Kröten, und versuchen Sie die mal zu fangen. GW 8, 95

»Wir sind geboren, um Götter zu werden, und zugleich, um zu sterben; das ist verrückt. Das zweite ist für uns nur schrecklich, weil wir dadurch das erste nie erreichen können. Aber das erste ist für die anderen etwas Schreckliches. Ein Gott ist etwas Schreckliches, weil er vollkommen ist. Und nichts fürchtet der Mensch so sehr wie das Vollkommene und das Merkwürdige, das heißt: einen Abglanz der Göttlichkeit, diese unendliche Skala an Möglichkeiten, darunter auch die merkwürdigsten. Aber wir bleiben trotzdem immer irgendwo stecken, es ist hart, das zugeben zu müssen.«

Er hielt inne, weil er nicht mehr sprechen konnte, doch wenig später sagte er sehr deutlich: »Und dann gibt es auch noch so etwas wie Ekstase.«

»Verstehst du das?« fragte er, »was ich jetzt gesagt habe?«

Ich glaube nicht, dachte ich und sagte: »Ein wenig.«

Er nahm die Blüten von seinem Schoß und stand auf. »Komm«, sagte er, »wir feiern jetzt ein Fest.« GW 2, 26

»Wir setzten uns. Sie hat mir an jenem Abend viel erzählt, und ehrlich, ich weiß nicht mehr alles, aber ich erinnere mich an sie, wie sie da saß, denn es war, als hätte sie das eigenständige, man könnte sagen, das bewußte Leben der Bäume und der anderen Dinge, an die sie so glaubte, jetzt in sich aufgenommen. Sie wurde der Schatten und das Beben der Silbertannen, die dort wachsen, und das alt gewordene, gebrochene Karmesin des ausgetrockneten Flußbetts, ich kann es nicht anders ausdrücken, aber sie weitete sich und dehnte sich aus, um den Abend in sich aufnehmen zu können und den Duft des Lorbeers und schließlich das ganze Tal, das an jenem Abend plötzlich neu entstand, unter den

Händen einer Wahnsinnigen, die in den Besitz des Mondes gelangt war und mit ihm die Steine und Bäume färbte und schlug, bis eine unerträgliche Besessenheit sich der Landschaft bemächtigte und die Dinge einen Atem bekamen und mit ihr lebten, unerträglich.

›Du hast Angst‹, sagte sie.

›Ja‹, sagte ich. Aber sie hörte nicht zu – ›Du hast Angst, weil deine Welt, deine sichere Welt, in der du die Dinge erkennen konntest, verschwunden ist, weil du jetzt siehst, daß die Dinge sich jeden Augenblick neu erschaffen und daß sie leben.

Ihr denkt immer, eure Welt sei die wahre, aber das stimmt nicht, die meine ist es, es ist das Leben hinter der ersten, der sichtbaren Wirklichkeit, ein Leben, das greifbar ist und vibriert – und was du siehst, was ihr seht, ist tot. Tot.‹« GW 2, 57f.

Erdachten Personen ist eine besondere Art von Hochmut eigen, gepaart mit Verletzlichkeit. Einerseits haben die meisten erdachten Personen bereits eine unendliche Anzahl nicht erdachter Personen überlebt. Andererseits sind erdachte Personen nun einmal von nicht erdachten Personen abhängig. Sobald diese aufhören zu lesen, ist es um die jungen Werthers, die Hamlets, die Don Juans, die Draculas und die Mutter Courages geschehen – soviel ist sicher. GW 8, 97

Gab es das: sinnliche Erregung wegen einer nicht existierenden Frau? »Nicht, wenn man ein richtig guter Schriftsteller ist«, hätte der andere Schriftsteller gesagt, aber dem ging er aus dem Weg, und zwar mit Erfolg. Andererseits, wenn seine Geschichte nur eine Erfindung gewesen wäre, ein Produkt seiner Phantasie als Spiegelbild des Lebens, wie sie zu Tausenden in Büchern erschienen, um den Menschen Zerstreuung zu schenken, hätte er diese seltsame Erregung dann auch verspürt? Aber diese Frau, welche Gestalt sie auch immer annehmen würde, *war* doch ein Produkt seiner Phantasie?

GW 2, 571

Nabokov konnte seiner Erinnerung noch befehlen zu sprechen – *Speak, Memory* ist schließlich ein Imperativ oder zumindest eine imperativ geäußerte flehentliche Bitte –, doch bei mir zeigt ein derartiger Befehl keinerlei Wirkung: die Erinnerung antwortet einfach nicht. Augustinus spricht vom Palast der Erinnerung, in dem man umherschweifen und alle möglichen Schätze wiederfinden könne; nun ja, bei mir bleibt dieser Palast verschlossen, ich komme nicht einmal hinein. In Prousts großem Romanwerk ist einer der Kernmomente, daß er in seinem späteren Leben ein bestimmtes Gebäck, eine »Madeleine«, in seinen Tee tunkt. Im selben Augenblick fliegt, um wieder mit Augustinus zu sprechen, eine Tür im Palast auf. Nabokov schreibt in seinem letzten großen Roman, *Ada*, daß er gegen diese *mémoire involontaire* sei, die unwillkürliche Erinnerung: Die Türen des Palastes müßten aufgebrochen werden, Sich-Erinnern sei eine Tat, müsse erarbeitet werden. Aber auch das funktioniert bei mir nicht, Fetzen, Schemen, Fragmente, das ist alles, was ich hinter den verschmutzten oder zerbrochenen Fenstern meines Palazzos wahrnehmen kann, der übrigens in einem Landstrich zu stehen scheint, in dem ständiges Halbdunkel herrscht. In meiner Primitivität habe ich immer gedacht und behauptet, das sei durch den donnernden Schlag des ersten Kriegstages gekommen, eine Betäubung, die sowohl nach vorn wie nach hinten um sich griff, ein Loch, das Kinderbücher, Freunde, Lehrer namenlos in sich sog, doch nun weiß ich, daß möglicherweise nicht nur die Heinkels und Stukas jener ersten Tage und auch nicht das fern am Horizont brennende Rotterdam die Ursache dafür waren. Vor kurzem wurde in Den Haag, meiner Geburtsstadt, eine Ausstellung über mein Leben und Werk eröffnet. Dazu gehörte, sehr gegen meinen Willen, auch ein Erkundungszug in meine Vergangenheit. Er wurde von einem übergründlichen Menschen unternommen, der schon gleich zu Beginn mit dem Fund aufwartete, wir seien in den Krisenjahren vor dem Krieg – ich bin '33 geboren – nicht weniger als siebenmal innerhalb der Stadt umgezogen. Meine Mutter (...) stritt das vehement ab, mußte sich angesichts der Auszüge aus dem Melderegister aber schließlich doch geschlagen geben. Danach kamen die Kriegsjahre, Chaos, die Scheidung meiner Eltern, Evakuierung, Hungerwinter, der Tod meines Vaters bei einem englischen Bombardement: Um es kurz zu machen – so kann man einen Palast schon verrammeln. Erst später, als ich eine gewisse Macht über mein Leben erlangt hatte, habe ich einen Flügel angebaut, zu dem ich doch Zutritt habe, sonst wäre das Leben, und damit das Schreiben, unmöglich gewesen – aber das Hauptgebäude bleibt verschlossen. Nie werde ich, wie Borges, erzählen können, welche Bücher ich als Kind in der Bibliothek meines Vaters las, oder, wie Proust, von den langen Gesprächen mit meiner Großmutter berichten oder, wie Nabokov, frohgemut die Skurrilität meiner französischen Gouvernante offenbaren, nicht nur, weil mein Vater keine Bibliothek besaß, weil meine beiden Großmütter bereits gestorben waren, bevor ich sie kennenlernte, und weil diejenige, die man nur mit einer Überdosis an gutem Willen als Gouvernante bezeichnen könnte, mitten im Krieg mit meinem Vater durchgebrannt war, sondern auch und vor allem, weil durch eine zerstörerische Kraft von außen etwas radikal und für immer ausgelöscht worden war, so daß ich mit leeren Händen zurückblieb. Ich erzähle dies nicht, um auch nur eine Spur von Mitgefühl zu erregen, darauf kann ich verzichten. Es hat mir jedoch die Möglichkeit gegeben, mir selbst, reisend und denkend, ein Leben auszumalen; und außerdem hat es in mir eine Faszination für Vergangenheit, für Verschwinden, für Vergänglichkeit, für Memoiren und Ruinen erzeugt, für die Antike, für alles, was in dem Wort Geschichte zusammengefaßt ist. GW 5, 566ff.

Darüber hat er sich gelegentlich gewundert, daß er jede Minute seines Lebens war und daß so viel davon entschwunden war, vom Tisch gewischt, verschwunden in der verschwundenen Zeit, Schabsel seines Wachstums. Übriggeblieben waren Explosionen, die schrillen Erinnerungen. Aus seiner Kindheit keine Stimmen, kein Spielzeug – nur der Geruch des Bettes seiner Eltern, der einmal, eines Morgens, für immer in ihn eingedrungen ist. Von seinem Vater keine Stimme, kein Laut, nur ein paar Stummfilme. Ein betrunkener Mann schlägt mit einem einzigen Schlag die Platte von einem Tisch. Alle Fotos aus dieser Zeit haßt er – über das Kind, das auf ihnen zu sehen ist, hat er nichts zu sagen, er würde es auf der Straße nicht wiedererkennen. Es ist ein Toter, ein Wesen, das nicht mehr existiert. GW 2, 232f.

Mit meinem eigenen Gedächtnis habe ich stets auf gespanntem Fuß gestanden. Ich habe keins, sage ich immer, was aber natürlich nicht stimmt. Andererseits – viel habe ich in diesem Punkt nicht zu bieten. Andere können ihre gesamte Kindheit und Jugend einschließlich aller Daten, Schulen und Vorfälle ausspucken, als wären sie ihr eigener Computer – ich kann das nicht. Manchmal frage ich mich sogar, ob es mich früher überhaupt gegeben hat. Es existieren genug Dokumente, die beweisen, daß dem so ist, doch meist scheint es so, als sei die hinter mir liegende Zeit eingestürzt. Einen Moment schaue ich mich nicht um, und schon fallen die Jahre übereinander, die Ereignisse verwirren sich, die Schulen meiner Vergangenheit verschmelzen, die falschen Lehrer irren durch die falschen Flure, und wenn ich in diesem allmählich immer undurchdringlicher werdenden Chaos etwas wiederfinden will, dann muß ich *arbeiten*. Beckett hat über Proust gesagt, gerade die Tatsache, daß dieser *kein* Gedächtnis gehabt habe, habe ihn gezwungen, alle diese Bände von *Auf der Suche nach der verlorenen Zeit* zu schreiben. Das mag eine Übertreibung sein, aber der Gedanke spricht mich an.

Wer keine Vergangenheit hat, muß sich eine schaffen, muß wie ein Grubenarbeiter in die Stollen hinabsteigen, muß Zeitungen und Modeblätter lesen, um zu sehen, was damals geschah und wie alle aussahen. Also wieder: *arbeiten*.

GW 4, 499f.

Fäden, Bilder, Schemen, Schatten. Die gültige Zeit, die einmal war, die ebensolange dauerte wie die gültige Zeit, die jetzt ist. Wo geblieben? Später kann er Geschichten daraus machen, »als ich zum erstenmal ministrieren sollte, wurde ich krank«, doch was bedeutet ein solcher Satz? Lassen sich darin der Geruch, die Zeit, die Geräusche zusammenfassen? Denn die Erinnerung und die Geschichten, was kann er damit schon anfangen? Sie sind nicht der kalte Morgen im Winter.

GW 2, 236

Wie war es möglich, daß seine Erinnerung jetzt den Schnee wegfegte, den Springbrunnen springen, die Bäume blühen ließ? (...) Die leere Stelle draußen, im Schnee, dort, wo sie jetzt nicht mehr standen, hatte dieses sommerliche Gespräch für ihn wachgerufen. So war es immer, eine Welt voll leerer Stellen, an denen man in verschiedenen Konstellationen aufgetreten war, Gespräche, Streitereien, Lieben, und an all diesen leeren Stellen irrte ein Geist von dir herum, ein unsichtbarer, ungültig gewordener Doppelgänger, der diese Räume mit keinem einzigen Atom füllen konnte, eine frühere Anwesenheit, die jetzt zu einer Abwesenheit geworden war und sich an dieser Stelle mit der Abwesenheit wieder anderer vermischte, ein Reich von Verschwundenen und Toten. Tot war man, wenn man sich sogar an sein eigenes Verschwinden nicht mehr erinnerte. GW 3, 293

Manchmal stelle ich es mir vor, das absolute Gedächtnis. Wie es wäre, wenn man alles wieder zurückbekäme (sähe, hörte, läse), was man gemacht hat, alle ausgefüllten und alle leeren Momente. Doch dafür brauchte man ein zusätzliches Leben, genauso lang wie das bereits gelebte, und das ist unmöglich. Wo aber sind dann alle diese Momente geblieben? Wenn ich mich nicht an sie erinnere, existieren sie vielleicht anderswo? Denkt das Mädchen aus Casablanca noch manchmal an mich, und wen hat sie dann vor Augen, falls sie noch lebt? GW 9, 490f.

Nichts

Das Leben
schön wärs, man könnte sich daran
erinnern
wie an eine Reise im Ausland,

und mit Freundinnen oder Freunden
nachträglich darüber reden
und sagen,

es war doch eigentlich nett,
das Leben,
und Bilder erhaschen von Frauen, Geheimnissen
und Landschaften,

und dann sich zufrieden zurücklehnen,
aber Tote können sich nicht zurücklehnen.

Und auch weiter können sie nichts.

GW 1, 269

Schreiben

Menschen, die schreiben, haben etwas Rührendes an sich, die Tat als Symbol. Es geht nicht darum, was im einzelnen zu Papier gebracht wird, es geht um das Schreiben selbst, die Handlung. Eine Form von Ordnung suchen oder schaffen, die stets eine Form von Meditation ist. Notieren, assoziieren, katalogisieren, das alles gehört zum Gedanken, zur Reflexion. GW 5, 163

Schriftsteller sind Menschen, die, zumindest meiner Ansicht nach, über Länder schreiben, die in Wirklichkeit nicht existieren, oder Länder, die wohl existieren, mit Bergen ausstatten, die es in Wirklichkeit nicht gibt – kurz, Menschen, die die sogenannte Wirklichkeit nicht nach falsch verstandenem aristotelischen Rezept glänzend imitieren, sondern im Gegenteil die unendlichen Möglichkeiten der Kunst nutzen, um ihr Gewalt anzutun, sie zu untergraben, sie umzudrehen, herabzuziehen oder zu überhöhen, weil es sonst in dieser Welt nicht auszuhalten wäre. Damit tun sie das einzige, was sie wirklich können: fabulieren, lügen und zaubern. Den Rest besorgen das Fernsehen, die Politiker und die Soziologen. Sie sind die adäquaten oder inadäquaten Administratoren der echten Wirklichkeit, und wenn sie lügen, ist es auf jeden Fall keine Kunst. GW 8, 89

Schriftsteller, dachte der Schriftsteller, denken sich eine Wirklichkeit aus, in der sie selbst nicht zu leben brauchen, über die sie aber Macht haben. Er schob das noch so leere Blatt Papier ein Stück zur Seite. Stimmte das denn? Hatte er Macht über diese beiden Gesichter, die er da ganz allmählich Gestalt annehmen sah? Oder hatten sie vielleicht Macht über *ihn*? GW 2, 550

Es ist etwas unsäglich Trauriges an Schriftstellern, die allein in ihrem Arbeitszimmer sitzen. Früher oder später kommt der Moment in ihrem Leben, in dem sie an ihrer Arbeit zweifeln. Es wäre vielleicht auch verwunderlich, wenn sie es nicht täten. Je länger einer lebt, desto aufdringlicher wird die Wirklichkeit und gleichzeitig um so uninteressanter, weil es soviel davon gibt. Muß dem nun wirklich noch etwas hinzugefügt werden? Muß Erdachtes tatsächlich Bestehendem noch aufgepfropft werden, nur weil jemand, als er noch jung war und von dem, was man so die Wirklichkeit nennt, wenig erlebt hatte, einfach selbst ein Stück Pseudowirklichkeit erdacht hatte und daraufhin von jedermann als Schriftsteller bezeichnet worden war? GW 2, 549

Haß war vielleicht noch die beste Umschreibung für das Gefühl, das den Schriftsteller überfiel, als er auf die drei letzten Wörter schaute. »Dann sehe ich ...« Dann sehe ich was? dachte er und wußte, daß er das nie mehr ergründen würde. Warum hatte er vor nunmehr vier Monaten mitten im Satz aufgehört? Das Telefon, jemand an der Tür, am nächsten Tag Grippe, danach irgendwo eine Lesung, zwei Monate nach Spanien, wo er an etwas anderem gearbeitet hatte, etwas für Geld, etwas Verachtenswertem also, denn ein »richtiger« Schriftsteller läßt sich nicht von seiner Arbeit abhalten. Aber schön, er war auf Reisen gegangen, hatte das Heft mit seiner Erzählung wie einen Talisman bei sich getragen, von Hotelzimmer zu Hotelzimmer, hatte aber nie mehr hineingeschaut. So hatten sein Oberst und sein Arzt geschlummert, eingefroren in dem Augenblick dieses letzten Satzes, der Oberst mit noch immer halboffenem Mund, als hätte die Cutterin das Bild am Schneidetisch angehalten, und in diesem halboffenen Mund noch immer das Wort, das auf »ich« folgen sollte. Aber welches Wort? Der Haß, den er empfand, kam nicht daher, *weil* er zu diesem Zeitpunkt und an dieser Stelle aufgehört hatte, nein, er berührte das Problem als Ganzes: den Schwindel, den Schmu.

Der Leser (der Leser!) würde nie etwas von den zwei Monaten dazwischen erfahren, würde nie wissen, daß das willkürliche Wort, das er jetzt hinschreiben würde, um mit der Geschichte fortzufahren, nicht das Wort war (wahrscheinlich nicht das Wort war), das er zwei Monate zuvor hatte schreiben wollen. Aber es würde doch das Wort werden, das der Oberst hatte sagen wollen, und gleich danach würde es das Wort sein und kein anderes, das der Oberst gesagt haben könnte, da es das Wort war, das er gesagt hatte. Was immer er sich ausdenken würde, für den Leser würde es Wirklichkeit werden. GW 2, 563

Was war das nun eigentlich, dieses Denken? Es hatte etwas mit Leere zu tun, viel mehr ließ sich dazu nicht sagen. Der Tag mußte leer sein, und er selbst eigentlich auch. Beim Gehen hatte er das Gefühl, daß diese Leere durch ihn hindurchströmte, daß er durchsichtig geworden war oder auf eigenartige Weise nicht da war, nicht zu der Welt der anderen gehörte, ebensogut nicht hätte dasein können. Die Gedanken, wenngleich dieses Wort schon zu groß war für das vage, diffuse Sinnieren, bei dem unbestimmte Bilder und Satzfetzen aufeinanderfolgten, konnte er hinterher nie in irgendeiner konkreten Form reproduzieren; am ehesten ähnelte das Ganze noch einem surrealistischen Gemälde, das er einmal gesehen hatte, dessen Titel er aber nicht mehr wußte. Eine aus Scherben bestehende Frau stieg eine endlos hohe Treppe hinauf. Sie war noch nicht weit gekommen, und die Treppe verschwand irgendwo in den Wolken. Ihr Körper war nicht vollständig, und trotzdem war sie als Frau erkennbar, auch wenn die Scherben, aus denen sie bestand, nirgends aneinanderhafteten. Wenn man richtig hinschaute, war es im Grunde ziemlich beängstigend. Nebelschleier flossen durch diesen Körper an der Stelle, wo ihre Augen, die Brüste, der Schoß hätten sein müssen, amorphe, noch nicht erkennbare Software drang in sie ein, die sich irgendwann, wenn alles gut lief, in etwas umsetzen ließ, wovon er jetzt noch keine Vorstellung hatte. GW 3, 270

Es besteht eine Übereinstimmung zwischen dem Geschichtenschreiben und dem Straßenbau: Irgendwo muß man schließlich ankommen. Diese Idee kam mir eines Tages auf der C 221, die von Calatayud nach Cariñena führt, und zwar in der Gegend von Agueron. Meine Leute klagen hin und wieder darüber, daß dies die am besten instand gehaltene Straße in Spanien sei, und das stimmt wohl auch, obwohl es eine andere Straße gibt, die ich noch mehr liebe. Die Idee kam mir also auf der C 221, denn nirgendwo sind die Übereinstimmungen deutlicher. Die Straße steigt an, die Welt liegt auf beiden Seiten, man gewinnt Übersicht, und die braucht ein Schriftsteller schließlich. Dort stehen gigantische Eisenpfähle, die durch fünf oder sechs enorm dicke Kabel verbunden sind, so daß man den Eindruck hat, sie hielten die Welt oder die Geschichte zusammen. Es gibt Schilder, die einen Brunnen ankündigen – Ruhepause für den Leser –, oder solche, die vor unebenen Wegstrecken warnen oder auf eine andere schwierige Stelle hinweisen. Dann muß der Leser aufpassen, der Erzähler darf ihn ja nicht aus der Kurve fliegen lassen, auch wenn ich weiß, daß es Schriftsteller gibt, die es gerade darauf abgesehen haben. Vielleicht habe ich dafür zu viele Unfälle erlebt. GW 3, 15

Am Anfang des *Henri Brulard* spricht Stendhal über die vielen »Ichs« und »Michs«, die so peinlich und aufdringlich sind. Da bin ich seiner Meinung. Aber die dritte Person ist in solchen Fällen ein erbärmlicher Umweg, als gäbe es irgendwo ein Land, wo nur dritte Personen wohnen, die auf Abruf verfügbar sind, etwa um für einen anderen Wehrdienst zu leisten, wenn dieser selbst zeitweilig aus Scham nicht in Erscheinung treten will. Man bedenkt schließlich beim Schreiben alles mögliche; was hat man davon, wenn das außerhalb des Buches bleibt. Man stelle sich das mal buchstäblich vor. Nehmen wir dieses Buch, vorausgesetzt es wird eines, denn wenn es keines wird, stellt sich das Problem ja nicht. Nun gut, nehmen wir dieses Buch und stellen es vor uns auf den Tisch, die Schnittkante abgewendet, also mit dem Buchrücken zu uns gedreht. Gib zu, daß das ein sonderbares Ding ist. Jetzt taste mit der Hand den leeren Raum rechts und links des Buches ab, und da fühlst du natürlich nichts. Trotzdem meine ich, daß da etwas ist. Ganz nah beim Einband sitzen die Gedanken des Autors, die er beim Schreiben hatte und von sich aus nicht hineinlassen wollte. Schreiben ist eine Frage der Organisation, man hat also Entscheidungen zu treffen, und eine dieser Entscheidungen ist die, was in ein Buch hineinkommt und was draußen bleibt, und wann es beendet ist. GW 3, 79

Wer tatsächlich das Lebensdrama einer Person aufschreiben wollte, müßte einen Roman schreiben, der so lang ist wie das Leben selbst. Es hat sich gezeigt, daß so etwas unmöglich ist. Durch die notwendige Raffung, die in Romanen stattfindet, können Menschen mit einem absoluten Gehör merken, daß die Tonhöhe dessen, was in Romanen gesagt wird, häufig nicht mit der Wirklichkeit übereinstimmt. Ist es dennoch so, hat man es oft mit einem schlechten Roman zu tun. Im Märchen wird die Geschichte noch einmal eingekocht, was zur Folge hat, daß man hören kann, wie die Tiere sprechen. Die richtige Formel für den Effekt dieser Beschleunigung läßt sich schwer angeben, weil man auch die anderen Eigenschaften der Wölfe, Seejungfrauen, Kerzen und Rentiere mit einbeziehen müßte. Daß es etwas mit einem intensivierten Zeitablauf zu tun hat, ist klar. Würde man die Figuren auch noch mit einer vertrackten Psychologie ausstatten oder sie über sich selbst nachdenken lassen, dann wären die Personen im Märchen wahrscheinlich gänzlich unhörbar oder, falls man sie lesen möchte, unleserlich. Das letztere ist natürlich wörtlich gemeint. GW 3, 107

Dramen in Romanen oder Filmen sind nur deshalb Dramen, weil die Dauer beschränkt ist, weil man sie zu ein paar Abenden Lesen oder zwei Stunden Schauen zusammenpressen kann, aber sonst? In der Wirklichkeit darf man manche Dinge noch immer als Drama bezeichnen, und trotzdem, wenn man Kunst daraus machen will, muß man eindicken und zusammenpressen, das läßt sich nicht ändern. Dauer war im neunzehnten Jahrhundert eine Tugend, Stendhal, Trollope. Wir dagegen schaffen das nicht mehr, wir werden in einem fort abgelenkt. Unser Chaos macht Geschichten formlos, unübersichtlich. In einer guten Geschichte ist die Zeit sowohl aufgehoben als auch anwesend. NF, 39

In meinem ernsten Vaterland, in dem man, bevor man sich selbst zum Gewissen der Welt ernannt hatte, Sklavenhandel und Psalmensingen aufs vortrefflichste miteinander zu verbinden verstand, ist noch so viel Calvinismus auf dem Grunde der Seelen zurückgeblieben, daß man am liebsten sieht, wenn Schriftsteller sich mit dem Weltgetümmel befassen, und damit ist dann leider nicht das höhere Summen der Transzendenz gemeint, sondern jene Form des psychologischen Realismus, bei der man der Gesellschaft den Spiegel vorhält. Ich langweile mich bei solchen Büchern zu Tode, was von einer empörenden Leichtfertigkeit zeugt, und habe dabei auch noch eine Allergie gegen den Fluch der Letzten Tage entwickelt. GW 8, 89

–

Für das, was nun folgt, kann ich mich nur schämen, und sei es bloß wegen meines Alters. Denn Männer meines Alters sitzen nachts nicht in leeren Klassenzimmern. Ich hatte die letzten Sätze aufgeschrieben und mich danach mühsam aus der Bank gequält. Auf einmal überkam mich die Vorstellung, die Ferien seien vorbei, eine grölende Klasse stürme herein und finde mich hier als Eindringling vor, wie einer, der durch das Wachstum seiner Knochen, durch das überall obszöne Anschwellen seines Fleisches, durch das Haar, das aus seinem Gesicht wächst, und den Gestank der Ducados das Recht verloren hat, sich im Territorium der Kinder aufzuhalten, es aber trotzdem will, ein Schänder.

Sie würden hereinkommen und mich als einen schon vom Alter Infizierten entlarven, der vielleicht schon ein bißchen nach Tod riecht und der dennoch, oder vielleicht gerade deshalb, in einer Welt leben will, in der die gemeinen Regeln der Älteren noch nicht gelten, in der das Dasein noch keine Geschichte ist, die stimmt, eine Welt, in der alles noch geschehen muß und die, weil es sich noch nicht ereignet hat, noch alle Formen annehmen kann, ganz einfach, weil sie noch nicht wie die meine fertig war.

Sie würden grölend hereinstürzen, mich mit meinem viel zu großen, vollgeschriebenen Schulheft sehen, das mir niemand abverlangt hat, sie würden den Betrug, die Lüge wittern und auf einmal ganz still werden, all die klaren Augen würden mich mit der Abneigung ansehen, die das Unmögliche nun einmal hervorruft. Sie würden nicht einmal lachen, sie würden langsam hinausgehen und einen anderen Erwachsenen holen, einen aus meiner eigenen, entschiedenen Welt, wo sich niemand abends an dein Bett setzt, um dir eine Geschichte zu erzählen, wenn du darum bittest, wo niemand einfach so eine Sonne malt mit viel zu langen Strahlen über einem Berg, der kleiner ist als das Haus, das danebensteht.

Ich pfiff vor mich hin, aber es hatte keinen Klang. Dann schaute ich hinaus und sah, was ich den ganzen Monat über hätte sehen können, aber nie gesehen habe, ein Himmel-und-Hölle-Spiel, eine mit Kreide auf den Boden gemalte Figur aus Vierecken, die beziffert sind, quer und dann wieder längs, von denen ich immer meine, daß sie in primitiver Weise das Schicksal darstellen. Man legt eine Strecke zurück, und etwas geht gut oder schlecht, so ähnlich ist das. Knaben spielen es nicht, zumindest kann ich mich nicht erinnern, es je gesehen zu haben. Irgendein Mensch an einer Universität hat zweifellos eine Studie über das Himmel-und-Hölle-Spiel geschrieben und einen Zusammenhang mit Initiationsriten, der Kabbala oder Gott weiß was gefunden. Doch das beschäftigte mich jetzt nicht, denn ich spürte ein dummes und unbezwingbares Verlangen zu hüpfen.

Zunächst wollte ich es unterdrücken, aber schließlich war es drei Uhr nachts, und auf dem Schulhof konnte mich keiner sehen. Ich ging hinaus, schaute mir die Felder an und merkte, daß ich nicht mehr wußte, wie es ging, was mich jedoch nicht davon abhielt.

Auf einmal sprang ich, so wie man zu Beginn der Saison erstmals ins Meer springt, auf einem Bein ins erste Feld und glitt mit einem kleinen Sprung ins nächste Feld hinein. Ich wußte nicht, was ich tat, doch ich war glücklich. Die Nacht war klar, die Uhr schlug drei, und ich hüpfte auf dem Schulhof. Wenn zwei Felder nebeneinanderlagen, sprang ich mit einem genauso anmutigen Sprung, wie ich es bei den kleinen Mädchen auf der Straße gesehen hatte, mit gespreizten Beinen hinein und hüpfte auf einem Bein weiter. Ich kannte den Sinn der Sache nicht, doch ich war glücklich, weil ich so hüpfend das Gefühl hatte, noch immer an meiner Geschichte zu schreiben, die drinnen fertig auf dem Tisch lag, das lächerliche Kuckucksei, das ich ins Nest von mindestens zehn Vögeln gleichzeitig gelegt hatte. Erst als ich ganz außer Atem war, hörte ich auf und setzte mich auf den Boden, wie ich das früher getan hatte, als ich meinen Kopf noch am Fenstersims aus Quadersteinen reiben konnte. Das ging heute nicht mehr, doch das kümmerte mich jetzt nicht. Der Mond war über das Dach der Schule gestiegen, und in den Himmel spähend sah ich Orion, meinen Lieblingsstern, gefolgt von Sirius, meinem Lieblingshund. Ein weißer Lichtfleck lag auf dem strengen Viereck des Spielplatzes, als hätte es geschneit; sonst war nichts zu sehen.

Und da saß ich noch lange und glücklich. GW 3, 116ff.

Small Bang

Das Gedicht hörte, wie es geschrieben wurde,
es sah die riesige Hand,
aus der es anscheinend entstand, Wort für Wort,
es hielt mit sich selbst kaum Schritt.

Schritt sah es stehen und sagte
sich echoend Schritt, Schritt, aber schon
war die Hand wieder weiter, gejagt
von der Peitsche des Schreibens,
dem Heimweh nach Form.

Es schmerzt, nicht fertig zu sein,
wenn man nirgendwoher kommt.
Atemlos liegen die Wörter auf dem Tisch,
die Hand verschwindet, kommt wieder, verschwindet,
das Gedicht erinnert sich an nichts,

und der Kopf, so weit da oben,
als nichts anderes erkennbar
als die Maske von Chaos und Ursprung,
wendet sich ab von den Zeilen,

und sagt in seinem Atem
die Kadenz des Denkens,
und schließt das Gedicht,
ein Hauch.

GW 1, 73

Lesen

Katastrophe, ein großes Wort, und dennoch empfinde ich immer ein merkwürdiges Mitleid, ein anderes Wort gibt es nicht dafür, mit Freunden, die nicht wissen, welche verborgenen Schätze es in der niederländischen Lyrik gibt. Das klingt natürlich nationalistisch, hat damit aber nichts zu tun. Man ist kein Isländer, Deutscher oder Niederländer, weil man sich entschieden hat, einer zu sein, sondern einfach deswegen, weil man dort geboren ist. Und im Falle des Isländers und des Niederländers bedeutet das dann, daß man mit seiner Geburt in den Besitz einer Geheimsprache gekommen ist, eines Kodes, in dem Dinge geschrieben und gelesen werden können, die anderen, die den Schlüssel nicht kennen, verschlossen bleiben, und das bedeutet dann wieder, daß diesen anderen ein ganzer Komplex von Gefühlen, Erinnerungen, Anspielungen, die mit dem Namen eines bestimmten Dichters verbunden sind, entgeht. Daran denkt man natürlich nicht den ganzen Tag, aber hin und wieder, wenn man Freunden gern etwas zu einem bestimmten Dichter erläutern würde, merkt man, daß einem das nicht gelingt, ganz einfach, weil es nicht möglich ist: Es fehlt zuviel. Natürlich kann man grob erzählen, wovon ein Gedicht handelt, man kann die anderen von der Bedeutung dieser Dichterin oder dieses Dichters überzeugen, doch die Blockade der letztlich verbliebenen Unzugänglichkeit läßt sich nicht brechen, und damit kann man etwas sehr Wesentliches seiner selbst nicht mit anderen teilen, was mir, wenn es sich um Freunde handelt, zumindest ein Gefühl der Armseligkeit gibt. Denn wie läuft das: Die ersten Erfahrungen mit der Poesie werden meist früh gesammelt, sie sind nicht analytisch, nicht angegriffen von hochspezialisiertem und vielfach abstumpfendem Hochschulunterricht, sie stellen sich gleichzeitig mit ersten Gefühlen von Freud und Leid ein und gehen häufig einher mit Schwärmerei, Zuneigung, Verehrung, man versperrt sich dem einen und öffnet sich leidenschaftlich dem anderen, erst viel später kommt das analysierende Lesen, die Reise zum doppelten Boden und dem philosophischen Gedanken, der hinreißende, verliebte Beziehungswahn der ersten Zeit läßt nach, bleibt einem aber für immer in Erinnerung, es sei denn, die Liebe zur Poesie verschwände ganz, wie bei den meisten Erwachsenen. (»Dafür habe ich keine Zeit«, »Tut mir leid, davon verstehe ich nichts«.) Wer sich jedoch nicht (von sich selbst) aus dem Reich der Poesie vertreiben läßt, für den ist diese Zeit unvergeßlich, nicht zuletzt durch den dann erfolgenden vertieften Umgang mit der eigenen Sprache, das erste Erahnen der Mehrdeutigkeit, des Verführerischen, Geheimnisvollen und Vielsagenden von Wörtern, Sprache, die über ihre Ufer tritt oder sich ganz nach innen kehrt, Sprache als weitläufige Landschaft oder als asketischer Weg zum Kern der Dinge, Sprache, die mit sich selbst spielt oder die die Welt anklagt, die sich ins Reich der Träume hineinwagt, die wogt, stockt oder singt, die aber immer, wenn alles stimmt, das, was *eigentlich* allen gehört, mit einer unverwechselbaren Stimme ausdrückt, der Stimme dieses einen Dichters, jemandes, der vielleicht von sich selbst und der eigenen Erfahrung, zugleich jedoch von der Welt und damit *unserer* Erfahrung spricht, so daß wir seine oder ihre Stimme stets wiedererkennen werden.

GW 8, 237f.

Der Leser liest, der Leser wählt aus. Der Leser greift zu dem einen Buch in der Buchhandlung oder der Bibliothek und nicht zu dem anderen. Der Leser ist frei.

»Aber so einfach ist es nicht«, sagte das L.

Es war am frühen Abend wiedergekommen, diesmal elegant in Bodoni gekleidet. Ausgeschlafen war es, es habe, so sagte es, eine wunderbare Nacht im Alten Testament verbracht, sei dadurch freilich auf trübe Gedanken gebracht worden.

»Aber warum?« fragte ich, »das ist doch ein großartiges Buch voller unglaublicher Geschichten!«

»Ja, schon, aber du sprichst von der Freiheit des Lesers. Es gibt, wenn wir die beängstigende Mehrheit der Nicht-Leser mal eben außer acht lassen wollen, zwei Arten von Lesern auf dieser Welt. Die Leser vieler Bücher und die Leser des einen Buches. Das Judentum, das Christentum und der Islam beruhen alle drei auf einem einzigen Buch. Eine Kultur, die auf einem Buch beruht, ist natürlich etwas Großartiges. Wenn dieses Buch allerdings andere Bücher ausschließt, wenn aufgrund dieses einen Buches Menschen, die andere Bücher lesen oder schreiben, verbrannt werden, wie früher bei uns, oder getötet oder mit dem Tode bedroht werden, wie im Augenblick, dann ist es um die Freiheit traurig bestellt. Obwohl es nicht so zu sein bräuchte.«

Sein Blick bekam etwas Trauriges.

»Einst, in einem früheren Spanien, unter aufgeklärten Königen, Emiren, Kalifen, haben die drei Völker des einen Buchs in Formen der Trennung und Einheit zusammengelebt, die die Welt so nie mehr erleben sollte. Doch durch die Bücher aus dem klassischen Altertum, die von arabischen Gelehrten übersetzt wurden, sollte ein Schatz zusammengetragen werden, durch den die Renaissance und später die Aufklärung den Aufschwung nehmen sollten, in dessen Folge sich die westliche Zivilisation von diesem einen Buch abwenden und nach gewaltigen Konflikten von einer Civitas Dei zu einer Civitas terrena werden sollte, wie Augustinus es ausdrückte. Die westliche Welt ist eine säkulare Welt, auch wenn sich der Präsident der Vereinigten Staaten auf Gott beruft und der Papst noch immer in Rom lebt. Und vielleicht bin ich zu düster oder zu einfältig, auch das ist möglich, aber manchmal hat es den Anschein, als sei der sichtbare unsichtbare Krieg, der gerade geführt wird, auch ein Krieg zwischen Lesern, den Lesern der vielen Bücher gegen die Leser des einen Buches, das kein anderes Buch neben sich duldet.«

Das L hielt kurz inne und fragte dann: »Wofür hast du dich nun entschieden?«

»Fürs Lesen«, sagte ich wahrheitsgemäß.

Das L nickte zufrieden.

»Es ist ein Kreis«, sagte es. »Lesen ist Wählen, aber um wählen zu können, muß man lesen.«

Einen Augenblick lang starrte es vor sich hin und sagte dann unerwartet: »Wenn du nur wüßtest, was für ein schöner Buchstabe ich im Arabischen bin. Wie man mich da kalligraphisch schreibt, ist mir nicht einmal im schönsten Benediktiner-Skriptorium je passiert. Und ich komme zweimal im Namen ihres Gottes vor, du kannst dir also wohl denken …« und dann, übergangslos: »Was wir jetzt bräuchten, wäre ein Erasmus. Er hatte eine Bibliothek von lediglich 500 Büchern, aber darin war die gesamte Weisheit der Kultur der Antike versammelt. Versammeln, erlesen, da hast du's wieder. Eine erlesene Bibliothek. 1518, als von Rom aus ein neuer Kreuzzug gegen die Türken, lies: den Islam, vorbereitet wurde, schrieb Erasmus in einem Brief an Paul Volz, den Abt des Benediktinerklosters Hügshofen, der später übrigens zum Protestantismus übertrat, man müßte den Türken die Werke Ockhams und Duns Scotus' zu lesen geben, damit sie wüßten, worum es bei uns geht. Das Volk des einen EINEN Buchs zog in den Kampf gegen das Volk des anderen EINEN Buchs. Und was immer Erasmus' Absicht gewesen sein mag, er glaubte auf jeden Fall, es wäre gut, die Bücher – Mehrzahl! – des anderen zu lesen …«

Das L erhob sich.

»Es sieht so aus, als habe sich in den letzten fünfhundert Jahren gar nicht mal so viel verändert«, sagte es, »aber ich muß jetzt gehen, man braucht mich überall. Manchmal wäre ich gern ein X.«

An der Tür drehte es sich noch einmal um.

»Bestell meine Grüße an die Accademia della Crusca in Florenz«, sagte es, »wenn du mich in meiner schönsten Form sehen willst, als ich noch jung war, dann mußt du dort schauen.«

Und es verschwand auf dem Gartenweg. Als es dachte, aus meinem Blickfeld zu sein, sah ich, wie es sich rasch ein Windows 2000 kursiv überzog und zu rennen begann, als begebe es sich auf einen Marathonlauf. GW 8, 172 ff.

Eine borgesianische Vorstellung: Würde man von einem bestimmten Tag sämtliche Zeitungen der Welt, diese Hunderttausende oder vielleicht sogar Millionen Seiten, in *einem* gigantischen Buch sammeln, dann hätte man das Tagebuch der Welt: einer Welt, bedeckt mit Papier, und dieses Papier, so groß wie die Welt, bedeckt mit Wörtern in sämtlichen geschriebenen Sprachen der Menschheit: all unsere Kriege, Verhandlungen, lokalen Konflikte, Meinungen, Kommentare, revidierten Überlegungen, all unsere Katastrophen, Handelsgüter, Eheschließungen, Frischverstorbenen, das menschliche Geflüster und Geschrei eines einzigen Tages, gedruckt auf einem Wald von Bäumen.

Um die Tragweite dieser Vorstellung zu erfassen, müssen Sie die Zeitung, die Sie gerade in den Händen halten, in Gedanken durch eine Zeitung aus Zentralafrika, Alaska, einer fernen Provinz im Westen Brasiliens, der Hauptstadt Birmas ersetzen – oder einfach durch eine Zeitung aus Basel. Orte, Regionen, Länder ohne Zeitungen gibt es nicht, und überall dort, wo eine Zeitung erscheint, befindet sich der Mittelpunkt der Welt. In den *Mainichi Daily News* oder in der *Malay Mail*, im *Gulf Daily Mirror* oder in der *New Orleans Times Picayune* mußte ich Europa erst suchen, und die Niederlande gab es schon gar nicht mehr, sie waren, da die Welt nun einmal rund ist, vom Globus gefallen, hinter dem Horizont verschwunden, es war Nacht bei uns, wir waren unsichtbar, der Spiegel nahm uns nicht mehr wahr. Für einen süchtigen Zeitungsleser ist das eine eigenartige Erfahrung.

Zeitungen haben bei all ihrer Ephemerität – flüchtige, hauchdünne Blätter, in denen morgen, wie Schauspieler sagen, wenn sie eine schlechte Kritik bekommen haben, der Fisch verpackt wird – zugleich etwas Solides und sogar bei der schlimmsten Nachricht etwas Beruhigendes: die Welt existiert. Du bist gerade aufgewacht, eben zurückgekehrt aus dem dunklen Reich des Schlafes, mach dir keine Sorgen, hier bin ich schon, frischgebacken, ich rieche noch nach Druckerschwärze, und mag ich vielleicht auch schreckliche Dinge erzählen, so beweise ich doch, daß es eine Welt gibt und daß es dich in dieser Welt gibt und daß du sie, mit meiner Hilfe, in gewisser Weise beherrschst. Wer daran gewöhnt ist, der wird nervös, wenn sein Weltbild plötzlich nicht mehr vom lokalen *Spiegel* oder *Mirror* reflektiert wird, wenn sein Land verschwunden zu sein scheint und sein Erdteil auf einen unlösbaren Krieg und einen Tarifkonflikt auf Seite neun reduziert ist. Und dennoch: Gleichzeitig berichtet diese Zeitung in New Mexico, Valparaiso, Niger, Rangun, Kioto ihm etwas sehr Wertvolles, nämlich, daß seine Welt nicht die einzige ist, daß es andere gibt, von denen er immer zuwenig weiß, in denen die Prioritäten anders liegen, in denen seine daheim so selbstverständliche Bedeutsamkeit relativiert wird und nach einer nicht restlos zu ermittelnden Relativitätstheorie auf den Platz verwiesen wird, der ihr dort und in diesem Moment zukommt.

Der wahre Reisende wird dies auch immer als wichtiges Element seiner Reise betrachten. Dafür war er doch auf Reisen gegangen, oder? Er sitzt im Botanischen Garten von Buenos Aires oder auf der Terrasse des Goldenen Schwans in Würzburg und läßt sich anhand der dort gültigen Zeitung in die Welt einführen, die er gesucht hat. Gleich wird er Bescheid wissen: wer gestorben ist, was der Gemeinderat in bezug auf die neue Umgehungsstraße beschlossen hat, was der scheidende Bürgermeister gesagt hat, wie der Konflikt mit der Landesregierung gelöst wurde, wer wen wo und warum ermordet hat, was das Fleisch kostet und wie die Telefonnummer von Bibi und Tanja lautet, die sich hier anbieten. Erst dahinter – und es gibt wirklich nur wenige Zeitungen auf der Welt, die hier eine Ausnahme bilden – dämmert, droht, existiert jenes andere, von dem wir alle ein Teil sind: die Umweltverschmutzung, das Ozonloch, das Handelsdefizit, die Arbeitslosigkeit, der Krieg. GW 8, 176ff.

Manchmal sucht ein Kunstwerk wie eine ferngelenkte Rakete exakt das Ziel in deinem Inneren, wo sich ein ähnliches Geheimnis verbirgt, du weißt, worum es geht, platonisch besteht die Möglichkeit, daß du irgendwann mal eine Formel dafür findest, nach ihr mußt du immer weiter suchen, aber solange du sie nicht gefunden hast, darfst du das Geheimnis nicht verschleiern und es ganz gewiß nicht dadurch beleidigen, daß du eine *plumpe* Formel dafür ersinnst. Schauen, lauschen, lesen, die Arbeit hört nie auf. GW 8, 521

Eigenartig, so ein Bürgersteig! All diese Grau- und Weißtöne. Breite Füße, schmale Absätze, Stiefel, in der Nacht und am Morgen mußten doch noch eine ganze Menge Leute hier entlanggegangen sein, alle hatten sie ihre Abdrücke im Schnee hinterlassen, der dann mitsamt diesen Stempeln gefroren war. Passanten, so hießen die Leute, die da gegangen und jetzt verschwunden waren, nachdem sie den Weg, den sie gegangen waren, markiert hatten. GW 3, 372

Lieben

Später erinnerte er sich noch genau an den Tenor dieses Augenblicks, und daß sein erster Gedanke war: Dies ist … alle Frauen, die ich gekannt habe oder kennen wollte, zusammengefaßt, und er wußte auch, daß er sich von dieser Erinnerung nicht mehr würde lösen können, die fast gleichzeitig einsetzte, denn eine Sekunde nach ihrer Begegnung war diese Begegnung bereits Geschichte, etwas zum Überdenken: wie sie von der ersten Sekunde an listig mit der gegenseitigen Eroberung begannen, und in dieser Erinnerung saß sie immer noch da, hatte sich nicht bewegt. GW 2, 264f.

Er radelte die Nassaukade entlang. Schwer war das Mädchen nicht. Das war es, was ihm an seinem eigenartigen Leben gefiel: Noch beim Aufstehen hatte er nicht gewußt, daß er jetzt mit einem Mädchen auf dem Gepäckträger umherradeln würde, wohl aber, daß diese Möglichkeit immer bestand. Das verlieh ihm, dachte er, etwas Unüberwindliches. Er betrachtete die Gesichter der Männer in den Autos, die ihnen entgegenkamen, und da wußte er, daß sein Leben, der Unsinn dieses Lebens, das Richtige war. Leere, Einsamkeit und Angst, das hatte seine Nachteile, aber es gab auch Entschädigungen dafür, und das hier war eine. Sie trällerte leise vor sich hin, verstummte dann und sagte, als hätte sie einen Beschluß gefaßt: »Hier wohne ich.« Es war eher ein Befehl als eine Bemerkung. Er gehorchte und bog, ihrem Fingerzeig folgend, in die Tweede Hugo de Grootstraat ein. Sie schloß ihr Fahrrad mit einer schweren Eisenkette am Pfahl einer Parkuhr an und öffnete eine Tür. Ohne etwas zu sagen, ging sie voran, eine nicht enden wollende Zahl von Treppenabsätzen hinauf. Die Promiskuität hatte in Amsterdam, vor allem wenn man sich den jüngeren Jahrgängen zuwandte, viel mit Treppen zu tun. Er kletterte ruhig hinter den federnden Turnschuhen her und regulierte seine Atmung so, daß er nicht keuchen würde, wenn sie oben ankamen. Dieses Oben lag sehr weit oben, ein Zimmerchen mit einem Dachfenster. Pflanzen, Bücher in einer Apfelsinenkiste, ein Poster von Elvis Presley, die Zeitschrift *Vrij Nederland*, atemberaubend kleine Slips, weiß und hellblau, über einer Leine vor dem offenen Fenster. Der Begriff des mit Melancholie vermischten Glücks, dachte er, ist ein Klischee – ebenso wie dieses Zimmerchen und ich selbst in diesem Zimmerchen. Das ist alles schon einmal geschehen. Zwar muß man sich immer wieder aufs neue danach sehnen, aber es ist alles schon einmal geschehen. Sie legte eine Platte auf, die ihm irgendwie bekannt vorkam, und ging dann auf ihn zu. Das hier war, wie er begriffen hatte, eine Generation, die keine Zeit verschwendete. Die zogen einen an und aus wie einen Handschuh, treffsichere Handlungen, die einer schnellen Beschlußfassung folgten. Am ehesten hatte das noch Ähnlichkeit mit einem Arbeitsverfahren.

Sie stand nun unmittelbar vor ihm. Sie war fast so groß wie er, und er schaute ihr unverwandt in die blauen Augen. Sie hatten auf ernst geschaltet, aber es war ein Ernst, dessen Boden man sehen konnte, ein Ernst ohne Strukturunterbau. Sie hatte noch nicht gelitten, und auch das war kein Zufall. Man konnte, so hatte er es gelernt, sich auch weigern zu leiden, und das tat man heute in großem Maßstab.

Er entkleidete sie, sie entkleidete ihn, und sie lagen nebeneinander. Sie roch nach Mädchen. Er streichelte sie, sie dirigierte seine Hand mehrmals über sehr kleine Abstände, sagte: »Nein, da nicht, hier«, und schien ihn dann zu vergessen. Der Körper als Schaltanlage. Sie wurde fertig, ohne Defekt am Motor. Das hatte, wie er fand, etwas sehr Reizvolles an sich. GW 2, 467f.

Als er an die Affären zurückdachte, die er in seinem Leben (…) gehabt hatte, wußte er, daß es nie viel mehr gewesen war als gegenseitiges Konsumieren, zwei Körper, die nur auf Genuß aus waren. Manchmal war das durchaus mit Zärtlichkeit vermischt oder mit jenem anderen Element, das meist zu Unrecht Liebe genannt wird, nie aber war es ein so schweigender, fast erbitterter Kampf, bei dem es darum zu gehen schien, soweit wie möglich der andere zu werden. War das Unsinn? Er wußte es nicht zu sagen, doch es war das, was er oft gedacht hatte: daß er sie werden wollte und daß er das Gefühl hatte, ohne daß einer von ihnen es je ausgesprochen hätte, auch bei ihr geschehe genau das gleiche, auch sie, so idiotisch es klang, versuche, von seinem Körper Besitz zu ergreifen, nicht, um ihn zu haben, sondern um er zu *sein.* GW 2, 629

Später, als sie in einer Verlassenheit schlief, wie er sie von niemandem kannte, schaute er sie an und fragte sich, was jetzt weiter mit ihm geschehen sollte. *Drei* Masken trug sie jetzt, übereinander, die asiatische, die ihrer eigenen Undurchdringlichkeit und als dritte den ebenso verhüllenden Schirm des Schlafs. Früher, bei den Eltern zu Hause, hatte auf dem Büfett eine Skulptur gestanden, ein Mädchenkopf. Es war, hatte sein Vater erzählt, die Totenmaske eines unbekannten Mädchens, das in der Seine ertrunken war. Niemand kannte ihren Namen. Es war jemand, den es gegeben hatte und den es jetzt nicht mehr gab, und niemand würde je wissen, wer sie gewesen war. Angst hatte diese Figur ihm eingeflößt, und Angst war es, die er jetzt empfand. Er hätte sie gern fotografiert, wagte es aber nicht. Das Licht der flackernden Fackeln draußen fuhr fächelnd über dieses Gesicht, als wollte es sie wieder zum Leben erwecken. Sanft deckte er ihre runden schimmernden Schultern zu und wandte sich von ihr ab. Etwas hatte begonnen, das ihn sein Leben lang beschäftigen sollte. GW 2, 647

Ich machte meine Laterne an und sah, daß sie mich anschaute, ich nahm vielleicht zum erstenmal in ihren Augen die Farbe von Blutjaspis wahr.

Sie sah mich an, wie sie mich angesehen hatte, als sie einmal ein bißchen krank war.

»Bist du krank?« hatte ich sie damals gefragt, »oder bist du nur traurig«, doch sie hatte gelacht und geantwortet: »O, mais tu sais que les filles ont des ennuis chaque mois.«

Jetzt sagte sie: »Wir sind traurig.«

»Ja«, sagte ich, »denn du gehst fort.«

Wir standen ein Stück voneinander entfernt, und plötzlich lief sie auf mich zu. Ich fing sie auf, legte sie auf den Boden und küßte sie. Ich hielt sie fest, als könnte das ihr Fortgehen verhindern, denn ich wußte, sie würde gehen, ich wußte es; daß ich sie gesucht hatte und gefunden, daß sie zu mir gehörte und daß sie trotzdem weggehen würde, allein.

Sie streichelte meinen Rücken, während ich sie in den Armen hielt, ihr Haar zwischen meine Lippen nahm und es kostete.

Vielleicht war es lang, daß wir so lagen, ich im Begriff, sie zu verlieren, sie im Begriff wegzugehen. GW 2, 136

Er nahm einen Weg hinauf, in die Dunkelheit hinein, schritt über dicke, glatte Bambusstöcke, die als Steg über den Fluß gelegt waren, lauschte dem Gurgeln und Gluckern des Wassers. Welche entschwundenen Füße hatten diesen Weg ausgetreten, hatten Natur aus ihm gemacht? Unter der Wasseroberfläche schien der Grund selbst zu fließen. Irgendwo lag ein Stoß Holzblöcke, eine feste, dunkle Form, als wären sie zusammengewachsen. Vor hundert Jahren war hier ein Holzfäller gewesen, der sie für den nächsten Tag bereitgelegt hatte, aber er war nie mehr zurückgekommen. Mokusei. Er hörte sich selbst ihren Namen laut sagen und blieb stehen. Dies also war Angst, was er jetzt empfand. Etwas Unwiderrufliches geschah mit ihm. Er drehte sich um. Aus der Richtung, aus der er gekommen war, kam Nebel auf, losgerissene, schwebende Gestalten, die es auf ihn abgesehen hatten, ihn einzukreisen, einzuhüllen, ihn an diesem Holzstoß gefangenzuhalten, hundert Jahre, tausend Jahre, für immer.

GW 2, 654

Wüstenstille, Wüstenhimmel. Im schwachen Licht der Karbidlampe sehe ich seine Haut, genauso fahlschwarz wie sein Bild, und darin den gleichen weißen Schimmer, als verberge sich hinter diesem Schwarz eine unendlich ferne Galaxie. Er kann atmen ohne ein Geräusch. Nichts macht hier ein Geräusch, ich glaube, würde man selbst noch stiller, so könnte man die Sandkörner hören, die Wüsteneidechse, den Wind im Spinifex, in den Balgas, den Grasbäumen. Wenn Wind geht. Heute nacht geht keiner. Ich war sehr lange unterwegs und bin hier angekommen. Jetzt versuche ich zu sagen, was ich denke, aber es geht nicht. Ich würde gern etwas über meinen Körper sagen, darüber, daß ich mir deutlicher denn je zuvor bewußt bin, daß es ihn nur ein einziges Mal gibt, daß er sich mit dem deckt, was ich »ich« nenne, doch dann stoße ich an den Rand der Wörter, über Ekstase kann man nicht sprechen. Und doch ist es etwas in der Art, ich habe noch nie so sehr existiert. Das hat nichts mit ihm zu tun, oder besser gesagt, er ist lediglich ein Teil davon, er gehört zu all dem anderen in einer Weise, wie ich nie zu meiner Umgebung gehört habe, und jetzt ist alles anders, ich bin diesem anderen gleich geworden, besser kann ich es nicht ausdrücken. (…) Mir kann nichts mehr passieren, das sagt man schon gar nicht. Wieder so ein Satz, den man nicht laut aussprechen will, aber so ist es. Ich bin nicht hysterisch, ich weiß, wovon ich rede. (…) Selbst wenn es noch so kurz ist, ich habe mit diesem Mann meinen Schatten eingeholt, und das ist gut. Wir sind jetzt zusammen, ich bin hell und dunkel zugleich. Ich weiß, wenn ich gleich hinausgehe, wird nirgendwo Licht sein. So habe ich auch gestern dagestanden, und dann gibt es nur noch zweierlei, dich selbst und all das andere, und dann macht es nichts mehr, daß du eines Tages darin verschwinden wirst, du hast alles gesehen und alles verstanden. Ich bin unerreichbar geworden, souverän. Wäre ich ein Musikinstrument, ich würde die schönste Musik hervorbringen. Ich weiß, daß ich darüber mit niemandem sprechen darf, und trotzdem ist alles wahr. Zum erstenmal habe ich begriffen, was man im Mittelalter unter der Sphärenharmonie verstand. Ich stehe im Freien und sehe die Sterne nicht nur, sondern höre sie.

Wer hat bloß die Engel aus der Welt verbannt, obwohl ich sie noch immer um mich spüre? (…) Hier liege ich mitten in der Wüste und höre sie, ein unvorstellbares Jubeln in der Stille. Engel, Wüsteneidechse, Regenbogenschlange, die Helden der Schöpfung, alles stimmt. Ich bin angekommen. Und wenn ich wieder gehe, brauche ich nichts mitzunehmen, ich habe alles bei mir. GW 9, 34ff.

Unmögliche Liebe zwischen Menschen kennen wir, doch unter Tieren herrschen andere Gesetze, nach wie vor geheimnisvoll, und sei es nur, weil sie nicht darüber schreiben. Es ist ein Spätnachmittag in dieser Stadt, in der es den Tieren nicht viel besser geht als den Menschen. Verfall, aufgerissene Gehwege, überall Gelump, das weggeräumt wird und sofort wieder nachwächst. Die Tiere scheinen sich nicht groß darum zu kümmern. Ihre Käfige sind alt, die Gitter rostig, die künstlichen Felsen verschmutzt, die Farbe abgeblättert, das Wasser trübe und dunkel. Der Eisbär wirkt überraschend weiß in seiner ungepflegten Bühnendekoration, aber ich habe gelernt, daß die Haare seines Fells nicht weiß sind, sondern durchsichtig, um das spärliche Sonnenlicht des hohen Nordens besser einzufangen. Der Kondor hängt wie ein ausgefranster Lumpen unter seinem Himmel aus geflochtenem Eisen und weigert sich, die mächtigen Schwingen auszubreiten, die weißen Löwen, aneinandergelehnt, blicken durch uns hindurch. Adler, Löwen, Tiger, ich spaziere zwischen den lebenden Emblemen umher, sehe das Nilpferd aus dem Café von gestern wie eine hundertfach vergrößerte Ausgabe seiner selbst, ein Überlebender. Diese Tiere können nicht mehr existieren, unmöglich die Aufgabe, ihre gewaltigen Körper sind vergänglicher als der eines Spatzen, sie gehören nicht mehr hierher. Immer wenn mir die Welt zuviel wird, muß ich zu den Tieren, die aufdringliche Deutlichkeit der Menschen prallt an ihrer Undurchdringlichkeit ab. Blicke einer Eule fünf Minuten in die Augen, und du bist dir nicht mehr sicher, wer du bist. Ich sehe, wie meine flüchtigen Zeitgenossen mit ihren Handys Fotos vom ewigen Rundgang des Tigers machen, und weiß, das Geheimnis dieses entnervten geketteten Gangs wird bei ihnen daheim nicht mehr sichtbar sein. Überall auf den Wegen laufen fette Nagetiere herum, deren Namen ich nicht kenne, eine Art riesiger Murmeltiere, die zwischen den Kieselsteinen oder im Gras mit ihren nervösen, vornehmen Gesichtern nach etwas suchen. Weswegen bin ich gekommen? Der Löwe liegt auf seiner Grasfläche und hat die Welt abgeschafft, er schläft in seinem eigenen Wappen. Ein weißer Reiher auf einer Palme, ein Fragment aus einer Geschichte, die ich nie gehört habe. Nachts würde ich hier gern herumgehen, wenn alle schlafen oder nicht schlafen. Was würden sie sehen, der Ameisenbär, das Faultier, der Affe? Einen Menschen, allein, hinter seinen Gittern auf und ab wandernd, die große Umkehrung. Wo der Weg abknickt, ein kleiner Käfig mit einer künstlichen Berglandschaft. Es dauert einen Moment, bevor ich sie entdecke, eine schwarze Katze. Wir blicken uns an. Eine ganz gewöhnliche Katze, sagt ein Vorbeigehender zu seiner Tochter. Auf dem Schild am Gitter steht, daß man bei genauem Hinschauen unter dem Schwarz das Muster ihrer Zeichnung erkennt. Ich erkenne nichts. Bergkatze, *gato montés.* Sie sieht aus wie alle schwarzen Katzen, die ich bisher gesehen habe, doch wenn ich sie streichelte, würde sie beißen. Der Blick ihrer grünlichen Augen verhakt sich in meinem, sie weiß, daß ich am liebsten einen Stuhl vor ihren Käfig stellen würde, um sie stundenlang anzuschauen. Eine mechanische Stimme treibt über alle Käfige, in einer halben Stunde wird der Garten geschlossen. Man braucht ein Wort nur aufzuspalten, um es zum erstenmal wirklich zu hören: Tier Garten, Garten mit Tieren. Ich gehe dorthin, wo ich den Ausgang vermute, und sehe in der Ferne die hohen Köpfe zweier Giraffen. Nimmt man Menschen als Maß, Wesen mit einem Kopf, einem Mund, mit Beinen, Ohren, Augen, Händen, und sieht hinter Mäulern, Krallen, Stoßzähnen, Schnauzen dasselbe System des Greifens, Schauens, Hörens, Fressens, so treten die Verwandtschaft und die Fremde immer deutlicher zutage. Vielleicht bin ich deshalb hier, dieser

Nähe und Distanz wegen. Wenn ich mich auf Hände und Füße stelle, wenn meine Arme gedehnt werden, bis sie länger sind als meine Beine, wenn ich die Kleider ablege und meine Haut sich mit kurzem, glänzendem Haar in merkwürdigen Mustern überzieht, die niemand gezeichnet hat, und wenn dann noch jemand kommt, der meinen Hals bis in endlose Höhe reckt, so daß ich, wie die beiden vor mir, hoch über die Menge hinausrage und wie ein Schiff vorbeigleite, dann kann ich nicht mehr schreiben, werde aber vielleicht von diesem herrlichen Gefühl ewigen, ruhigen Staunens über das merkwürdige Gewimmel da unten erfüllt, das in diesem kleinen Kopf herrschen muß. Und dann passiert es, ein Bild unmöglicher Liebe. Hinter der Palisadenwand, die die Giraffen von den Zebras trennt, steht ein Zebra und leckt am Holz. Eine der Giraffen senkt diesen unvorstellbar langen Hals über den Zaun und sucht dort unten das Zebra. Was nun folgt, ist Streicheln und eine Art Küssen. Ihre Fellmuster passen nicht zueinander, und dennoch gehen sie ineinander über. Liebe. Das Zebra leckt den langen Hals, das Gesicht der Giraffe reibt sich an der gestreiften Zebrawange. Dann löst sich die Giraffe, entfernt sich ein Stück weit auf dem wüstenfarbenen Sand ihres eigenen Geheges und kommt zurück. Das Zebra ist stehengeblieben, wartend. Sobald der Giraffenkopf wieder hoch über ihm erscheint, hebt es den eigenen Kopf, und die Liebkosungen beginnen von neuem, die Mäuler berühren sich. Ich bleibe stehen, bis der letzte Aufruf ertönt, und denke an das nächste Mal. In fremden Städten muß man feste Punkte haben. BP, 117ff.

Abschied

Nicht einem andern
dieser Unsinn,
nur dir.

Wenn das Hochhaus weg ist, dies alles planiert ist,
und du dich als Standbild erhebst,
und ich dich berühre,

wenn mit mir alle Dinge Schmerz empfinden,
mit Kummer vernagelt sind, wenn das Nichts-mehr-
Wissen
wie Schimmel durch das Gewebe schleicht,

bleibst du stehen, versilbert, verregnet, Ostwind irrt
um dich rum und um mich,
aus dem Gewöhnlichsten hab ich ein Unheil gemacht.

Alles von dir werd ich vergessen, außer dich.
Du tobst durch den Raum, den ich ausfülle,
deine Liebe ist Schicksal.

Durch dein Bildnis hindurch seh ich die flehende
Sehnsucht,
aus der wir vertrieben sind. Ich hatte alles angeboten,
du hattest alles verweigert. Du hattest alles angeboten,
ich habe es nicht bemerkt.
Nun laß ruhen.

Der Tod ist eine Manneskrankheit.
Du gehst umher und sammelst das Leben.
Es wird still.

Du weißt nichts mehr. Ich weiß nichts.
Meine Gedichte brennen wie Stroh. Ich sag's.
Du allein. Doch nie wieder.

Es wird sehr still.

GW 1, 187f.

Nice, Oktober

Mit dem Schmerz in meinem Mund,
der altmodische Junge auf dem Bild,
die Katze auf dem Stuhl, die Zeitungen auf dem Tisch,
Parerga und Paralipomena.

Erinnerungen an Proust, Couperus, Marienbad,
das Ticken, Tick Tick, der Fiches, das Papier der
Palmen,
das entscheidende Meer.

Er ist vollständig und kleinlaut anwesend.
Tod, Liebe, lächerliche Liebe, alles ausgefüllt.
Und es dauert und dauert!

(...)

GW 1, 293

Editorische Notiz

Der Wunsch des Herausgebers war es, dem Leser aus dem Gesamtwerk eine Auswahl an Zitaten zu präsentieren, die sich gegenseitig bereichern und erhellen, und so eine Vorstellung vom Schreiben und Denken Cees Nootebooms zu vermitteln. Die Zusammenstellung folgt deshalb thematischen und kompositorischen Gesichtspunkten. Da die Gattungsvielfalt zum Reiz des Nooteboomschen Werks gehört, wurde auf eine Trennung zwischen Gedichten, fiktiven Texten und Reportagen oder Essays verzichtet. Eigennamen in fiktiven Texten wurden, wenn sie als störend empfunden wurden, stillschweigend durch Personalpronomen ersetzt; an einzelnen Stellen wurden zum Verständnis der Passage nötige Orts- oder Personenangaben ergänzt. Einzelne Wörter, die sich auf vorangegangene Textpassagen bezogen und irritierend wirkten, habe ich behutsam, aber ohne weitere Markierung getilgt, ebenso einige Zeilenumbrüche und Leerzeilen. Auslassungen im Text wurden mit (...) gekennzeichnet. Die Titel der Gedichte stammen von Cees Nooteboom, alle anderen den Abschnitten vorangestellten Titel, Namen und Stichworte in Kapitälchen vom Herausgeber. Mit Ausnahme der nach 2008 entstandenen wurden sämtliche Texte nach den *Gesammelten Werken* zitiert; im Quellenverzeichnis findet sich der Einzelnachweis der Zitate, der Aufschluß über Titel, Gattung und – in Klammern – Entstehungsdatum des jeweiligen Textes gibt. Bei Reiseerzählungen aus den Sammlungen *Der Umweg nach Santiago* und *Berliner Notizen*, die zuvor als Einzelausgaben erschienen sind und als Ganzes in die Werkausgabe übernommen wurden, wird auf die Nennung des Einzeltitels verzichtet. Desgleichen bei den

Sammlungen früher Reisereportagen *Ein Nachmittag in Bruay* und *Eine Nacht in Tunesien*, die auf deutsch erstmals in der Werkausgabe erschienen sind. Alle anderen Essays, Reiseerzählungen und Reportagen werden mit Einzeltitel genannt. Bei den Gedichten bezieht sich der Nachweis auf die Titel der Gedichtbände Nootebooms. Alle Texte mit Ausnahme derer, bei denen ein gesonderter Nachweis erfolgt, wurden von Helga van Beuningen ins Deutsche übertragen.

R. S.

Quellenverzeichnis

Alle Zitate nach:

Cees Nooteboom, *Gesammelte Werke* (GW). Aus dem Niederländischen von Helga van Beuningen u. a., hg. von Susanne Schaber:

Band 1. Gedichte

Band 2. Romane und Erzählungen 1

Band 3. Romane und Erzählungen 2

Band 4. Auf Reisen 1

Band 5. Auf Reisen 2

Band 6. Auf Reisen 3

Band 7. Auf Reisen 4

Band 8. Essays und Feuilletons

Band 9. Poesie und Prosa 2005-2007

Cees Nooteboom, *Nachts kommen die Füchse* (NF). Erzählungen. Aus dem Niederländischen von Helga van Beuningen © dieser Ausgabe Suhrkamp Verlag Frankfurt am Main 2009

Cees Nooteboom, *Briefe an Poseidon* (BP). Aus dem Niederländischen von Helga van Beuningen © dieser Ausgabe Suhrkamp Verlag Berlin 2012

Geistesblitze

GW 1, 363: Selbstbildnis eines Anderen (1993), in: *Gedichte*, S. 337-372

GW 4, 233: Der Umweg nach Santiago (1981-1992), in: *Auf Reisen 1*, S. 107-495

GW 4, 218:	Der Umweg nach Santiago (1981-1992), in: *Auf Reisen 1*, S. 107-495
BP, 39:	Bücher, in: *Briefe an Poseidon*, S. 39-40
BP, 43:	Mauer, in: *Briefe an Poseidon*, S. 43-44
GW 5, 84:	Pariser Tage I (1977), in: *Auf Reisen 2*, S. 84-97
GW 1, 345:	Selbstbildnis eines Anderen (1993), in: *Gedichte*, S. 337-372
GW 3, 304:	Allerseelen. Roman (1999), in: *Romane und Erzählungen 2*, S. 257-598
GW 2, 412:	Rituale. Roman (1980), aus dem Niederländischen von Hans Herrfurth, in: *Romane und Erzählungen 1*, S. 357-542
GW 3, 217:	Die folgende Geschichte. Erzählung (1991), in: *Romane und Erzählungen 2*, S. 165-255
GW 1, 340:	Selbstbildnis eines Anderen (1993), in: *Gedichte*, S. 337-372
GW 3, 337:	Allerseelen. Roman (1999), in: *Romane und Erzählungen 2*, S. 257-598
GW 5, 87f.:	Pariser Tage I (1977), in: *Auf Reisen 2*, S. 84-97
BP, 112:	Quilotoa, in: *Briefe an Poseidon*, S. 112-114
GW 3, 206:	Die folgende Geschichte. Erzählung (1991), in: *Romane und Erzählungen 2*, S. 165-255
GW 5, 134:	Vergangene Passagen II (1979), in: *Auf Reisen 2*, S. 124-136
GW 6, 202:	Sabah, Kinabalu, Kota Belud (1979), in: *Auf Reisen 3*, S. 200-213
GW 3, 304:	Allerseelen. Roman (1999), in: *Romane und Erzählungen 2*, S. 257-598
GW 2, 363:	Rituale. Roman (1980), aus dem Niederländischen von Hans Herrfurth, in: *Romane und Erzählungen 1*, S. 357-542
GW 5, 418:	Berliner Notizen (1989/90), aus dem Niederländischen von Rosemarie Still, in: *Auf Reisen 2*, S. 285-523
GW 1, 351:	Selbstbildnis eines Anderen (1993), in: *Gedichte*, S. 337-372
GW 3, 207:	Die folgende Geschichte. Erzählung (1991), in: *Romane und Erzählungen 2*, S. 165-255
GW 6, 102:	Ein Abend in Isfahan (1975), in: *Auf Reisen 3*, S. 93-120
GW 3, 341:	Allerseelen. Roman (1999), in: *Romane und Erzählungen 2*, S. 257-598
GW 5, 118:	Pariser Tage III (1978), in: *Auf Reisen 2*, S. 113-123

NF, 58:	Heinz, in: *Nachts kommen die Füchse*, S. 36-83
GW 3, 445f.:	Allerseelen. Roman (1999), in: *Romane und Erzählungen 2*, S. 257-598
GW 6, 205:	Sabah, Kinabalu, Kota Belud (1979), in: *Auf Reisen 3*, S. 200-213
NF, 83:	Heinz, in: *Nachts kommen die Füchse*, S. 36-83
BP, 53:	Poseidon IX, in: *Briefe an Poseidon*, S. 53-55
BP, 122:	Leben, in: *Briefe an Poseidon*, S. 122-123
GW 9, 538:	Doktor K., le docteur D. und ein hundertjähriger Rükken (1998/2007), in: *Poesie und Prosa 2005-2007*, S. 538-541
GW 5, 126:	Vergangene Passagen II (1979), in: *Auf Reisen 2*, S. 124-136
GW 3, 174:	Die folgende Geschichte. Erzählung (1991), in: *Romane und Erzählungen 2*, S. 165-255
GW 3, 266:	Allerseelen. Roman (1999), in: *Romane und Erzählungen 2*, S. 257-598
GW 4, 452:	Der Umweg nach Santiago (1981-1992), in: *Auf Reisen 1*, S. 107-495
GW 3, 139:	Der Buddha hinter dem Bretterzaun. Eine Erzählung (1986), in: *Romane und Erzählungen 2*, S. 121-163
GW 6, 95:	Ein Abend in Isfahan (1975), in: *Auf Reisen 3*, S. 93-120
GW 6, 280:	Der Geburtstag des Kaisers, das Pathos der Dinge und andere japanische Erfahrungen (1977), in: *Auf Reisen 3*, S. 264-304
GW 6, 327:	Kalter Berg (1987), in: *Auf Reisen 3*, S. 322-337
GW 3, 18:	In den niederländischen Bergen. Roman (1984), aus dem Niederländischen von Rosemarie Still, in: *Romane und Erzählungen 2*, S. 7-119
GW 3, 24:	In den niederländischen Bergen. Roman (1984), aus dem Niederländischen von Rosemarie Still, in: *Romane und Erzählungen 2*, S. 7-119
GW 8, 414:	Hopper, Vermeer und die Rätsel des Lichts (1981), in: *Essays und Feuilletons*, S. 408-423
GW 5, 74:	Vergangene Passagen I (1978), in: *Auf Reisen 2*, S. 74-123
GW 5, 336:	Berliner Notizen (1989/90), aus dem Niederländischen von Rosemarie Still, in: *Auf Reisen 2*, S. 285-523
GW 8, 406:	Meine Ansicht von Delft (2002), in: *Essays und Feuilletons*, S. 399-407
GW 8, 201:	Ein Gedicht muß stimmen (1996), in: *Essays und Feuilletons*, S. 198-203

GW 4, 338: Der Umweg nach Santiago (1981-1992), in: *Auf Reisen 1*, S. 107-495

GW 5, 130: Vergangene Passagen II (1979), in: *Auf Reisen 2*, S. 124-136

GW 4, 183: Der Umweg nach Santiago (1981-1992), in: *Auf Reisen 1*, S. 107-495

GW 4, 490: Der Umweg nach Santiago (1981-1992), in: *Auf Reisen 1*, S. 107-495

GW 5, 161: Die Dame auf dem Foto (1979), in: *Auf Reisen 2*, S. 152-166

GW 1, 371: Selbstbildnis eines Anderen (1993), in: *Gedichte*, S. 337-372

NF, 9f.: Gondeln, in: *Nachts kommen die Füchse*, S. 7-22

GW 8, 204: Wie füllt sich ein Vakuum im Kopf mit Worten, mit Bildern, mit Sätzen? (1993), in: *Essays und Feuilletons*, S. 204-311

GW 1, 203: Aas (1982), aus dem Niederländischen von Ard Posthuma, in: *Gedichte*, S. 173-206

Bilder

GW 6, 116f.: Ein Abend in Isfahan (1975), in: *Auf Reisen 3*, S. 93-120

GW 8, 521: Der Philosoph ohne Augen (1983), in: *Essays und Feuilletons*, S. 519-532

GW 8, 429f.: Die blinden Männer von Pieter Bruegel (1991), in: *Essays und Feuilletons*, S. 424-436

BP, 14: Belagerung, in: *Briefe an Poseidon*, S. 14

GW 8, 400ff.: Meine Ansicht von Delft (2002), in: *Essays und Feuilletons*, S. 399-407

BP, 51f.: Gemälde, in: *Briefe an Poseidon*, S. 51-52

GW 3, 300: Allerseelen. Roman (1999), in: *Romane und Erzählungen 2*, S. 257-598

GW 3, 296ff.: Allerseelen. Roman (1999), in: *Romane und Erzählungen 2*, S. 257-598

GW 1, 77: So könnte es sein (2001), aus dem Niederländischen von Ard Posthuma, in: *Gedichte*, S. 51-109

GW 8, 632f.: Das Foto. Die Zeit (1986), in: *Essays und Feuilletons*, S. 631-636

GW 8, 625ff.: Die angehaltene Zeit (1996), in: *Essays und Feuilletons*, S. 625-630

NF, 106: Paula, in: *Nachts kommen die Füchse*, S. 106-132
GW 3, 265f.: Allerseelen. Roman (1999), in: *Romane und Erzählungen 2*, S. 257-598
GW 8, 675f.: Smultron stället – Wilde Erdbeeren. Le temps retrouvé (1995), in: *Essays und Feuilletons*, S. 675-681
GW 7, 230f.: Ein Nachmittag in Bruay (1961-1963), aus dem Niederländischen von Rosemarie Still, in: *Auf Reisen 4*, S. 167-294
GW 8, 679ff.: Smultron stället – Wilde Erdbeeren. Le temps retrouvé (1995), in: *Essays und Feuilletons*, S. 675-681
GW 2, 389: Rituale. Roman (1980), aus dem Niederländischen von Hans Herrfurth, in: *Romane und Erzählungen 1*, S. 357-542
GW 2, 374: Rituale. Roman (1980), aus dem Niederländischen von Hans Herrfurth, in: *Romane und Erzählungen 1*, S. 357-542
NF, 8f.: Gondeln, in: *Nachts kommen die Füchse*, S. 7-22
GW 1, 98: So könnte es sein (2001), aus dem Niederländischen von Ard Posthuma, in: *Gedichte*, S. 51-109

Porträts, Charaktere

GW 4, 223f.: Der Umweg nach Santiago (1981-1992), in: *Auf Reisen 1*, S. 107-495
GW 8, 267ff.: Marcel Proust. Auf der Suche nach der verlorenen Zeit (1999), in: *Essays und Feuilletons*, S. 266-270
GW 8, 270: Marcel Proust. Auf der Suche nach der verlorenen Zeit (1999), in: *Essays und Feuilletons*, S. 266-270
GW 1, 41f.: Begegnungen (2001), aus dem Niederländischen von Ard Posthuma, in: *Gedichte*, S. 33-50
GW 8, 239: Und jetzt sprechen wir von Slauerhoff (1996/1998), in: *Essays und Feuilletons*, S. 236-246
GW 8, 257f.: Das behütete Haus (2005), in: *Essays und Feuilletons*, S. 253-263
GW 9, 691ff.: »Die Niederlande sind ein hinterhältiges Land« (1977), in: *Poesie und Prosa 2005-2007*, S. 683-700
2008: Der Mann mit dem Kopf eines Römers (2008), in: *Die Welt*, 29. März 2008
GW 8, 304f.: In memoriam Mary McCarthy 1912-1989 (1989), in: *Essays und Feuilletons*, S. 302-309

GW 1, 85f.:	So könnte es sein (2001), aus dem Niederländischen von Ard Posthuma, in: *Gedichte*, S. 51-109
GW 9, 507:	Erste Reisen (2007), in: *Poesie und Prosa 2005-2007*, S. 496-512
GW 9, 452ff.:	Insel (2006), in: *Poesie und Prosa 2005-2007*, S. 443-354
GW 8, 279ff.:	Your Gift Survived It All (2003), in: *Essays und Feuilletons*, S. 279-281
GW 9, 363ff.:	Jean-Paul Sartre, 1905-1980 / Simone de Beauvoir, 1908-1986 (1962), in: *Poesie und Prosa 2005-2007*, S. 363-367
GW 7, 361ff.:	Eine Nacht in Tunesien (1963-1965), aus dem Niederländischen von Rosemarie Still, in: *Auf Reisen 4*, S. 295-453
GW 8, 282ff.:	Der Kellermeister. Brief an einen Freund (2004), aus dem Niederländischen von Rolf Brockschmidt, in: *Essays und Feuilletons*, S. 282-284
GW 9, 587ff.:	Begegnung in Recanati (2003), in: *Poesie und Prosa 2005-2007*, S. 587-599
GW 1, 95:	So könnte es sein (2001), aus dem Niederländischen von Ard Posthuma, in: *Gedichte*, S. 51-109

Warum Reisen?

GW 8, 10f.:	Im Auge des Sturms (1996), in: *Essays und Feuilletons*, S. 9-14
GW 6, 280:	Der Geburtstag des Kaisers, das Pathos der Dinge und andere japanische Erfahrungen (1977), in: *Auf Reisen 3*, S. 264-304
GW 6, 896f.:	Geträumte Reisen (2003), in: *Auf Reisen 3*, S. 888-901
BP, 106f.:	Nilpferd, in: *Briefe an Poseidon*, S. 106-107
GW 8, 11:	Im Auge des Sturms (1996), in: *Essays und Feuilletons*, S. 9-14
GW 7, 27f.:	Vorwort (1993) zu: Der König von Surinam (1957-1960), in: *Auf Reisen 4*, S. 21-166
GW 5, 113f.:	Pariser Tage III (1978), in: *Auf Reisen 2*, S. 113-123
GW 8, 13:	Im Auge des Sturms (1996), in: *Essays und Feuilletons*, S. 9-14
GW 8, 21:	Die metaphysische Gelassenheit des Reisens (1982), in: *Essays und Feuilletons*, S. 14-21

GW 4, 487f.: Der Umweg nach Santiago (1981-1992), in: *Auf Reisen 1*, S. 107-495

GW 1, 163: Das Gesicht des Auges (1989), aus dem Niederländischen von Ard Posthuma, in: *Gedichte*, S. 111-163

Orte, Wege

GW 6, 489: Vögel und Ruinen (1988), in: *Auf Reisen 3*, S. 486-506

GW 3, 9f.: In den niederländischen Bergen. Roman (1984), aus dem Niederländischen von Rosemarie Still, in: *Romane und Erzählungen 2*, S. 7-119

GW 1, 103: So könnte es sein (2001), aus dem Niederländischen von Ard Posthuma, in: *Gedichte*, S. 51-109

GW 4, 11ff.: Die Form des Zeichens, die Form der Stadt (1991), in: *Auf Reisen 1*, S. 9-16

GW 4, 22: Jordaan (2002), in: *Auf Reisen 1*, S. 17-25

GW 4, 15f.: Die Form des Zeichens, die Form der Stadt (1991), in: *Auf Reisen 1*, S. 9-16

GW 5, 137: Die Hauptstadt von Kakanien (1983), in: *Auf Reisen 2*, S. 137-151

GW 9, 479ff.: Der Gärtner ohne Garten (2007), in: *Poesie und Prosa 2005-2007*, S. 479-488

GW 4, 458ff.: Der Umweg nach Santiago (1981-1992), in: *Auf Reisen 1*, S. 107-495

GW 3, 281ff.: Allerseelen. Roman (1999), in: *Romane und Erzählungen 2*, S. 257-598

GW 5, 110ff.: Pariser Tage II (1977) in: *Auf Reisen 2*, S. 98-112

GW 7, 561f.: Pointe du Raz (1966), in: *Auf Reisen 4*, S. 561-562

GW 5, 39ff.: Venezianische Vignetten (1998), in: *Auf Reisen 2*, S. 39-53

GW 3, 199: Die folgende Geschichte. Erzählung (1991), in: *Romane und Erzählungen 2*, S. 165-255

GW 6, 237: Das Tor nach China (1981), in: *Auf Reisen 3*, S. 229-245

GW 6, 13f.: Am Rande der Sahara (1973), in: *Auf Reisen 3*, S. 9-21

GW 2, 643: Mokusei! Eine Liebesgeschichte (1980), in: *Romane und Erzählungen 1*, S. 617-655

GW 6, 294ff.: Der Geburtstag des Kaisers, das Pathos der Dinge und andere japanische Erfahrungen (1977), in: *Auf Reisen 3*, S. 264-304

GW 8, 218f.: Meine Kladde und ein Nachwort aus Gantheaume Point (1996/2000), in: *Essays und Feuilletons*, S. 212-221
GW 6, 578: America! America! (1975), aus dem Niederländischen von Andreas Ecke, in: *Auf Reisen 3*, S. 574-590
BP, 21ff.: Fluß, in: *Briefe an Poseidon*, S. 21-23
GW 6, 200: Sabah, Kinabalu, Kota Belud (1979), in: *Auf Reisen 3*, S. 200-213

Zeiten, Gezeiten

GW 1, 81: So könnte es sein (2001), aus dem Niederländischen von Ard Posthuma, in: *Gedichte*, S. 51-109
BP, 28: Zeit, in: *Briefe an Poseidon*, S. 28
GW 2, 387: Rituale. Roman (1980), aus dem Niederländischen von Hans Herrfurth, in: *Romane und Erzählungen 1*, S. 357-542
GW 2, 419: Rituale. Roman (1980), aus dem Niederländischen von Hans Herrfurth, in: *Romane und Erzählungen 1*, S. 357-542
GW 5, 98: Pariser Tage II (1977), in: *Auf Reisen 2*, S. 98-112
GW 9, 821f.: Der Traum verbotener Reisen. Poesie (2007), aus dem Niederländischen von Ard Posthuma, in: *Poesie und Prosa 2005-2007*, S. 815-833
GW 1, 339: Selbstbildnis eines Anderen (1993), in: *Gedichte*, S. 337-372
GW 1, 220/223: Offen wie eine Muschel, geschlossen wie ein Stein (1978), aus dem Niederländischen von Ard Posthuma, in: *Gedichte*, S. 207-251

Augenblicke, historisch

GW 5, 109f.: Pariser Tage II (1977), in: *Auf Reisen 2*, S. 98-112
GW 2, 603: Ein Lied von Schein und Sein. Roman (1978/1979), in: *Romane und Erzählungen 1*, S. 543-616
BP, 97: Bal des Ambassadeurs, in: *Briefe an Poseidon*, S. 97
GW 2, 233: Der Ritter ist gestorben. Roman (1963), in: *Romane und Erzählungen 1*, S. 219-356
GW 7, 9f.: Vorsätzlicher Mord (1956), in: *Auf Reisen 4*, S. 9-13

GW 7, 185 f.: Ein Nachmittag in Bruay (1961-1963), aus dem Niederländischen von Rosemarie Still, in: *Auf Reisen 4*, S. 167-294

GW 7, 356: Eine Nacht in Tunesien (1963-1965), aus dem Niederländischen von Rosemarie Still, in: *Auf Reisen 4*, S. 295-453

GW 7, 446 ff.: Eine Nacht in Tunesien (1963-1965), aus dem Niederländischen von Rosemarie Still, in: *Auf Reisen 4*, S. 295-453

GW 7, 668 f.: Paris, Mai 1968 (1968/1977), in: *Auf Reisen 4*, S. 661-724

GW 8, 68 f.: Die Pfeile des Zenon (1992), in: *Essays und Feuilletons*, S. 56-70

GW 5, 354 f.: Berliner Notizen (1989/90), aus dem Niederländischen von Rosemarie Still, in: *Auf Reisen 2*, S. 285-523

GW 5, 360 f.: Berliner Notizen (1989/90), aus dem Niederländischen von Rosemarie Still, in: *Auf Reisen 2*, S. 285-523

GW 5, 509 f.: Berliner Notizen (1989/90), aus dem Niederländischen von Rosemarie Still, in: *Auf Reisen 2*, S. 285-523

GW 5, 530 f.: Die Uhr kommt nicht voran (1991), in: *Auf Reisen 2*, S. 527-540

GW 5, 493 f.: Berliner Notizen (1989/90), aus dem Niederländischen von Rosemarie Still, in: *Auf Reisen 2*, S. 285-523

GW 5, 487 f.: Berliner Notizen (1989/90), aus dem Niederländischen von Rosemarie Still, in: *Auf Reisen 2*, S. 285-523

GW 8, 146 f.: Dinge, die nicht zueinander gehören, oder doch? (2004), in: *Essays und Feuilletons*, S. 146-164

GW 8, 147/151: Dinge, die nicht zueinander gehören, oder doch? (2004), in: *Essays und Feuilletons*, S. 146-164

GW 8, 161 ff.: Dinge, die nicht zueinander gehören, oder doch? (2004), in: *Essays und Feuilletons*, S. 146-164

2016: Dear Britain: Elena Ferrante, Slavoj Žižek and other European writers on Brexit (2016), in: *The Guardian*, 4. Juni 2016

Europäisches

GW 8, 141: Schicht um Schicht vergangene Zeit (2001), in: *Essays und Feuilletons*, S. 138-145

GW 8, 116ff.: Wer hat Europa mitgenommen (1993), in: *Essays und Feuilletons*, S. 115-121

GW 8, 745f.: Über die Brücke kamen die Wörter (1999), in: *Essays und Feuilletons*, S. 745f.

Phantasieren und Erinnern

GW 1, 23: Eine Spur im weißen Sand (2002), in: *Gedichte*, S. 21-31

GW 8, 95: Der Sturz der Propheten (1992), in: *Essays und Feuilletons*, S. 86-96

GW 2, 26: Philip und die anderen. Roman (1954), in: *Romane und Erzählungen 1*, S. 7-137

GW 2, 57f.: Philip und die anderen. Roman (1954), in: *Romane und Erzählungen 1*, S. 7-137

GW 8, 97: Eine Frage aus Brüssel (1989), in: *Essays und Feuilletons*, S. 96-102

GW 2, 571: Ein Lied von Schein und Sein. Roman (1978/1979), in: *Romane und Erzählungen 1*, S. 543-616

GW 5, 566ff.: Rückkehr nach Berlin (1997), in: *Auf Reisen 2*, S. 555-582

GW 2, 232f.: Der Ritter ist gestorben. Roman (1963), in: *Romane und Erzählungen 1*, S. 219-356

GW 4, 499f.: Hierro, das Ende der Welt (1982), in: *Auf Reisen 1*, S. 499-512

GW 2, 236: Der Ritter ist gestorben. Roman (1963), in: *Romane und Erzählungen 1*, S. 219-356

GW 3, 293: Allerseelen. Roman (1999), in: *Romane und Erzählungen 2*, S. 257-598

GW 9, 490f.: Roter Regen (2006/2007), in: *Poesie und Prosa 2005-2007*, S. 488-495

GW 1, 269: Anwesend, Abwesend (1970), aus dem Niederländischen von Ard Posthuma, in: *Gedichte*, S. 253-269

Schreiben

GW 5, 163: Die Dame auf dem Foto (1979), in: *Auf Reisen* 2, S. 152-166
GW 8, 89: Der Sturz der Propheten (1992), in: *Essays und Feuilletons*, S. 86-96
GW 2, 550: Ein Lied von Schein und Sein. Roman (1978/1979), in: *Romane und Erzählungen 1*, S. 543-616
GW 2, 549: Ein Lied von Schein und Sein. Roman (1978/1979), in: *Romane und Erzählungen 1*, S. 543-616
GW 2, 563: Ein Lied von Schein und Sein. Roman (1978/1979), in: *Romane und Erzählungen 1*, S. 543-616
GW 3, 270: Allerseelen. Roman (1999), in: *Romane und Erzählungen* 2, S. 257-598
GW 3, 15: In den niederländischen Bergen. Roman (1984), aus dem Niederländischen von Rosemarie Still, in: *Romane und Erzählungen* 2, S. 7-119
GW 3, 79: In den niederländischen Bergen. Roman (1984), aus dem Niederländischen von Rosemarie Still, in: *Romane und Erzählungen* 2, S. 7-119
GW 3, 107: In den niederländischen Bergen. Roman (1984), aus dem Niederländischen von Rosemarie Still, in: *Romane und Erzählungen* 2, S. 7-119
NF, 39: Heinz, in: *Nachts kommen die Füchse*, S. 36-83
GW 8, 89: Der Sturz der Propheten (1992), in: *Essays und Feuilletons*, S. 86-96
GW 3, 116ff.: In den niederländischen Bergen. Roman (1984), aus dem Niederländischen von Rosemarie Still, in: *Romane und Erzählungen* 2, S. 7-119
GW 1, 73. So könnte es sein (2001), aus dem Niederländischen von Ard Posthuma, in: *Gedichte*, S. 51-109

Lesen

GW 8, 237f.: Und jetzt sprechen wir von Slauerhoff (1996/1998), in: *Essays und Feuilletons*, S. 236-246
GW 8, 172ff.: Begegnung mit einem Großbuchstaben (2003), in: *Essays und Feuilletons*, S. 167-174

GW 8, 176ff.: Gezeitete Zeit. Über das Lesen von Zeitungen (1995), in: *Essays und Feuilletons*, S. 175-182
GW 8, 521: Der Philosoph ohne Augen (1983), in: *Essays und Feuilletons*, S. 519-532
GW 3, 372: Allerseelen. Roman (1999), in: *Romane und Erzählungen 2*, S. 257-598

Lieben

GW 2, 264f.: Der Ritter ist gestorben. Roman (1963), in: *Romane und Erzählungen 1*, S. 219-356
GW 2, 467f.: Rituale. Roman (1980), aus dem Niederländischen von Hans Herrfurth, in: *Romane und Erzählungen 1*, S. 357-542
GW 2, 629: Mokusei! Eine Liebesgeschichte (1980), in: *Romane und Erzählungen 1*, S. 617-655
GW 2, 647: Mokusei! Eine Liebesgeschichte (1980), in: *Romane und Erzählungen 1*, S. 617-655
GW 2, 136: Philip und die anderen. Roman (1954), in: *Romane und Erzählungen 1*, S. 7-137
GW 2, 654: Mokusei! Eine Liebesgeschichte (1980), in: *Romane und Erzählungen 1*, S. 617-655
GW 9, 34ff.: Paradies verloren. Roman (2004), in: *Poesie und Prosa 2005-2007*, S. 7-115
BP, 117ff.: Tiergarten, in: *Briefe an Poseidon*, S. 117-119
GW 1, 187f.: Aas (1982), aus dem Niederländischen von Ard Posthuma, in: *Gedichte*, S. 173-206
GW 1, 293: Geschlossene Gedichte (1964), aus dem Niederländischen von Ard Posthuma, in: *Gedichte*, S. 271-305

Zeittafel

1933	Geboren als Cornelis Johannes Jacobus Maria Nooteboom in Den Haag am 31. Juli
1933-1945	Insgesamt zehn Wohnungswechsel der Familie
1943	Trennung der Eltern
1945	Tod des Vaters durch Bombenangriff
1946-1951	Sint-Odulphis-Lyceum, Tilburg; Franziskanergymnasium Immaculatae Conceptionis, Venray; R. K. Lyceum voor het Gooi, Hilversum; Augustinergymnasium Augustinianum, Eindhoven; Abendgymnasium Utrecht
1950	Erste Reise ins Ausland, per Fahrrad nach Belgien und Luxemburg
1951-1952	Arbeit bei der Rotterdamschen Bank in Hilversum und andere Gelegenheitsjobs
1952-1953	Reisen nach Skandinavien, Frankreich, Italien als Tramper
1955	*Philip en de anderen*. Roman (dt. *Das Paradies ist nebenan*, 1958; Neuübersetzung unter dem Titel *Philip und die anderen*, 2003)
	Regelmäßige Artikel in der Tageszeitung *Het Vrije Volk*
1956	*De doden zoeken een huis*. Gedichte. Seitdem zahlreiche Gedichtbände (Erste Gedichtauswahl dt.: *Organon-Poesie* 1964)
	Reise nach Budapest; Artikel über den Ungarnaufstand in der Tageszeitung *Het Parool*
1957	Anne-Frank-Preis für *Philip en de anderen*
	Reise als Leichtmatrose auf der *Gran Río* nach Surinam
1957-1960	Arbeit für die niederländische Zeitschrift *Elseviers Weekblad*
1958	*De verliefde gevangene*. Erzählungen (dt. *Der verliebte Gefangene*, 2006)
1959	Premiere des Theaterstücks *De zwanen van de Theems* in der Stadsschouwburg Amsterdam
1961-1968	Arbeit als Kolumnist bei der Tageszeitung *de Volkskrant*
1962	Gast der International Writers' Conference in Edinburgh, Schottland
1963	*De ridder is gestorven*. Roman (dt. *Der Ritter ist gestorben*, 1996)
	Een middag in Bruay. Frühe Reisereportagen (dt. *Ein Nachmittag in Bruay*, in: *Gesammelte Werke, Band 7. Auf Reisen 4*, 2005)
	Lucy B. en C.W. van der Hoogt-Preis für *De ridder is gestorven*

1965	*Een nacht in Tunesië*. Frühe Reisereportagen (dt. *Eine Nacht in Tunesien*, in: *Gesammelte Werke, Band 7. Auf Reisen 4*, 2005)
ab 1968	*Een ochtend in Bahia*. Frühe Reisereportagen (dt. *Ein Morgen in Bahia*, in: *Gesammelte Werke, Band 7. Auf Reisen 4*, 2005) Arbeit für das Reiseressort der niederländischen Zeitschrift *Avenue*. In deren Auftrag Reisen nach Afrika, Asien, Südamerika und Australien
1969	Prijs voor de Dagbladjournalistiek für seine Berichte über den Pariser Mai '68 in *de Volkskrant*
1971	*Bitter Bolivia. Maanland Mali* (dt. vereint in: *Gesammelte Werke, Band 6. Auf Reisen 3*, 2004)
ab 1977	Arbeit für das Lyrikressort der *Avenue Literair*; Übersetzungen ausländischer Lyrik
1978	*Een avond in Isfahan*. Reiseerzählungen aus Persien, Gambia, Deutschland, Japan, England, Madeira und Malaysia (dt. vereint in: *Gesammelte Werke, Band 5 und 6. Auf Reisen 2 und 3*, 2004)
1980	*Rituelen*. Roman (dt. *Rituale*, 1985)
1981	*Een lied van schijn en wezen*. Roman (dt. *Ein Lied von Schein und Sein*, 1989) *Voorbije passages*. Reiseerzählungen (dt. vereint in: *Gesammelte Werke, Band 4, 5 und 6. Auf Reisen 1, 2 und 3*, 2004, sowie *Band 8. Essays und Feuilletons*, 2006) Ferdinand-Bordewijk-Preis für *Rituelen*
1982	*Mokusei! Een liefdesverhaal* (dt. *Mokusei! Eine Liebesgeschichte*, 1990) Amerikanischer Pegasus-Literaturpreis für *Rituelen*. Übersetzung in zahlreiche Sprachen. Verfilmung. Internationaler Durchbruch
1983	*Nooteboom's Hotel*. Reiseerzählungen (dt. *Nootebooms Hotel*, 2000) *Waar je gevallen bent, blijf je*. Reiseerzählungen (dt. vereint in: *Gesammelte Werke, Band 4 und 6. Auf Reisen 1 und 3*, 2004, sowie *Band 8. Essays und Feuilletons*, 2006)
1984	*In Nederland*. Roman (dt. *In den niederländischen Bergen*, 1987)
1985	*De zucht naar het Westen*. Reiseerzählungen aus den USA (dt. vereint in: *Gesammelte Werke, Band 6. Auf Reisen 3*, 2004) Multatuli-Preis für *In Nederland*
1986	*De Boeddha achter de schutting*. Erzählung (dt. *Der Buddha hinter dem Bretterzaun*, 1993)
1987	Sechs Monate USA-Aufenthalt als Gastprofessor an der University of California, Berkeley

1989 *De wereld een reiziger.* Reiseerzählungen (dt. vereint in: *Gesammelte Werke, Band 5 und 6. Auf Reisen 2 und 3*, 2004, sowie *Band 8. Essays und Feuilletons*, 2006)

1989-1990 Aufenthalt in Berlin auf Einladung des DAAD. Berichte in *Elsevier*, *taz* und *Libération* über den Fall der Mauer

1990 *Berlijnse notities* (dt. *Berliner Notizen*, 1991)

1991 *Het volgende verhaal.* Erzählung (dt. *Die folgende Geschichte*, 1991). Durchbruch beim deutschen Publikum

Vreemd water. Reiseerzählungen (dt. vereint in: *Gesammelte Werke, Band 6. Auf Reisen 3*, 2004, sowie *Band 8. Essays und Feuilletons*, 2006)

Literaturpreis zum 3. Oktober für *Berliner Notizen*

Ritter der französischen Ehrenlegion

1992 *De omweg naar Santiago* (dt. *Der Umweg nach Santiago*, 1992)

Großes Kreuz des Verdienstordens der Bundesrepublik Deutschland

Constantijn-Huygens-Preis für das Gesamtwerk

Aufnahme in die Akademie der Künste in Berlin

1993 *De koning van Suriname.* Frühe Reiseerzählungen (dt. *Der König von Surinam*, in: *Gesammelte Werke, Band 7. Auf Reisen 4*, 2005)

De ontvoering van Europa. Essays (dt. *Wie wird man Europäer?*, 1993)

Zelfportret van een ander. Prosagedichte (dt. *Selbstbildnis eines Anderen.* Mit Bildern von Max Neumann, 1996)

Hugo-Ball-Preis für das Gesamtwerk

Europäischer Literaturpreis Prix Aristeion für *Het volgende verhaal*

1994 Literaturpreis Premio Grinzane Cavour für *Het volgende verhaal*

Dirk Martens-Preis für *Het volgende verhaal*

1995 *Van de lente de dauw.* Östliche Reiseerzählungen (dt. *Im Frühling der Tau*, 1995)

Ein Monat Aufenthalt in Berlin als Gastprofessor an der Freien Universität

1996 Sechs Monate USA-Aufenthalt in Santa Monica, Kalifornien, auf Einladung des Getty Center for the History of Art and the Humanities

Aufnahme in die Bayerische Akademie der Schönen Künste

1997 *De filosoof zonder ogen.* Europäische Reiseerzählungen (dt. vereint in: *Gesammelte Werke, Band 4 und 5. Auf Reisen 1 und 2*, 2004, sowie *Band 8. Essays und Feuilletons*, 2006)

Drei Monate USA-Aufenthalt in Santa Monica, Kalifornien
Ehrenmitglied der Modern Language Association

1998 *Allerzielen*. Roman (dt. *Allerseelen*, 1999)
Ehrendoktor der Katholischen Universität Brüssel

2000 *Die Dame mit dem Einhorn*. Europäische Reiseerzählungen
Internationaler Compostela-Preis für *Der Umweg nach Santiago*

2001 Karlsmedaille für Europäische Medien

2002 *Die Insel, das Land*. Erzählungen aus Spanien

2003 *De atlas van Nooteboom*. Reiseerzählungen. Mit Fotografien von Eddy Posthuma de Boer (dt. *Die Kunst des Reisens*, 2004)
Hansischer Goethe-Preis für das Gesamtwerk
Österreichischer Staatspreis für europäische Literatur
Beginn der Ausgabe der *Gesammelten Werke* beim Suhrkamp Verlag
Dokumentarfilm *Hotel Nooteboom – Eine Bilderreise ins Land der Worte*, Regie: Heinz Peter Schwerfel

2004 *Paradijs verloren*. Roman (dt. *Paradies verloren*, 2005)
P. C. Hooft-Preis für das Gesamtwerk
Commandeur des Artes et des Lettres, Frankreich

2005 *Die schlafenden Götter*, Künstlerbuch mit Gedichten von C. N. und Lithographien von Jürgen Partenheimer

2006 *Tumbas. Gräber von Dichtern und Denkern*. Fotografien von Simone Sassen

2007 *Rode Regen*. Leichte Geschichten (dt. *Roter Regen*, 2007)

2008 *»Ich hatte tausend Leben und nahm nur eins«*. Ein Brevier. Ausgewählt von Rüdiger Safranski
Ultima Thule: een reis naar Spitsbergen. Fotografien von Simone Sassen, mit einem Essay von Cees Nooteboom (dt. *Ultima Thule. Eine Reise nach Spitzbergen*, 2008)
Ehrendoktorwürde der Freien Universität Berlin

2009 *'s Nachts komen de vossen*. Erzählungen (dt. *Nachts kommen die Füchse*, 2009)
Het raadsel van het licht. Kunststücke (dt. *Das Rätsel des Lichts*, 2009)
Berlijn 1989/2009. Reiseerzählungen (dt. *Berlin 1989/2009*, 2009)
Prijs der Nederlandse Letteren

2010 *Zurbarán, Schilderijen 1625-1664*. Essay (nl. 2011; dt. *Zurbarán, Gemälde 1625-1664*, 2010)
Scheepsjournal. Reiseerzählungen. Fotografien von Simone

Sassen (dt. *Schiffstagebuch. Ein Buch von fernen Reisen*, 2011)
Literaturpreis der Konrad-Adenauer-Stiftung

2011 VPRO Bob den Uyl Prijs für *Scheepsjournal*

2012 *Brieven aan Poseidon* (dt. *Briefe an Poseidon*, 2012)
Licht overal. Gedichte (dt. *Licht überall*, 2013)

2013 *Saigoku: pelgrimage naar de 33 tempels bij Kyoto.* Fotografien von Simone Sassen (dt. *Saigoku. Auf Japans Pilgerweg der 33 Tempel*, 2013)
Venezianische Vignetten. Fotografien von Simone Sassen

2016 *Een duister voorgevoel: reizen naar Jheronimus Bosch* (dt. *Reisen zu Hieronymus Bosch. Eine düstere Vorahnung*, 2016)
533. Een dogenboek (dt. *533 Tage. Berichte von der Insel*, 2016)
Die folgende Geschichte. Text und Kommentar. Mit einem Kommentar von Helmut Nobis

Cees Nooteboom lebt, wenn er nicht auf Reisen ist, mit seiner Frau, der Fotografin Simone Sassen, in Amsterdam und auf Menorca.

Cees Nooteboom im Suhrkamp Verlag

Gesammelte Werke in neun Bänden

Alle Bände einzeln lieferbar. Gebunden

- Band 1: Gedichte. Übersetzt von Ard Posthuma und Helga van Beuningen. Herausgegeben von Susanne Schaber. 418 Seiten
- Band 2: Romane und Erzählungen 1. Übersetzt von Helga van Beuningen und Hans Herrfurth. 660 Seiten
- Band 3: Romane und Erzählungen 2. Übersetzt von Helga van Beuningen und Rosemarie Still. 601 Seiten
- Band 4: Auf Reisen 1. Von hier nach dort: Niederlande – Spanien. Übersetzt von Helga van Beuningen. Herausgegeben von Susanne Schaber. 605 Seiten
- Band 5: Auf Reisen 2. Europäische Reisen. Übersetzt von Helga van Beuningen und Rosemarie Still. Herausgegeben von Susanne Schaber. 607 Seiten
- Band 6: Auf Reisen 3. Afrika, Asien, Amerika, Australien. Übersetzt von Helga van Beuningen und Andreas Ecke. Herausgegeben von Susanne Schaber. 931 Seiten
- Band 7: Auf Reisen 4. Übersetzt von Helga van Beuningen, Andreas Ecke und Rosemarie Still. Herausgegeben von Susanne Schaber. 747 Seiten
- Band 8: Feuilletons. Übersetzt von Helga van Beuningen u.a. Herausgegeben von Susanne Schaber. 857 Seiten
- Band 9: Poesie und Prosa 2005-2007. Übersetzt von Helga van Beuningen, Andreas Ecke und Ard Posthuma. Herausgegeben von Susanne Schaber. 867 Seiten

NF 228/1/1.14

Erzählungen und Romane

Allerseelen. Roman. Übersetzt von Helga van Beuningen. 436 Seiten. Gebunden. st 3163. 440 Seiten

Ein Lied von Schein und Sein. Übersetzt von Helga van Beuningen. BS 1024. 98 Seiten. 111 Seiten. Gebunden. st 2668. 110 Seiten

Die folgende Geschichte. Übersetzt von Helga van Beuningen. 147 Seiten. Gebunden. BS 1141. 146 Seiten. st 2500 und st 3405. 148 Seiten. st 3616. 160 Seiten. st 4065. Großdruck. 158 Seiten

In den niederländischen Bergen. Roman. Übersetzt von Rosemarie Still. 145 Seiten. Gebunden. st 2253. 146 Seiten

Kinderspiele. Erzählung. Übersetzt von Helga van Beuningen. 45 Seiten. Bütten-Broschur

Mokusei! Eine Liebesgeschichte. Übersetzt von Helga van Beuningen. st 2209. 74 Seiten

Nachts kommen die Füchse. Erzählungen. Übersetzt von Helga van Beuningen. 152 Seiten. Gebunden

Paradies verloren. Roman. Übersetzt von Helga van Beuningen. Gebunden und st 3808. 156 Seiten

Philip und die anderen. Roman. Übersetzt von Helga van Beuningen. Mit einem Nachwort von Rüdiger Safranski. Gebunden und st 3661. 160 Seiten

Der Ritter ist gestorben. Übersetzt von Helga van Beuningen. Gebunden, BS 1286 und st 3779. 150 Seiten

NF 228/2/1.14

Rituale. Roman. Übersetzt von Hans Herrfurth. Gebunden und st 2446. 231 Seiten. st 2862. 232 Seiten. st 3931. Großdruck. 330 Seiten

Romane und Erzählungen. Aus dem Niederländischen von Hans Herrfurth, Rosemarie Still, Helga van Beuningen u. a. Broschur. 1227 Seiten

Roter Regen. Leichte Geschichten. Übersetzt von Helga van Beuningen. Mit Zeichnungen von Jan Vanriet. Gebunden und st 4246. 239 Seiten

Der verliebte Gefangene. Tropische Erzählungen. Übersetzt von Helga van Beuningen. Gebunden und st 3923. 108 Seiten

Nooteboom, der »Augenmensch«

Berliner Notizen. Übersetzt von Rosemarie Still. Mit Fotos von Simone Sassen. es 1639. 338 Seiten

Briefe an Poseidon. Aus dem Niederländischen von Helga van Beuningen. Gebunden. 224 Seiten

Die Dame mit dem Einhorn. Europäische Reisen. 302 Seiten. Gebunden. st 3018. 320 Seiten

»Ich hatte tausend Leben und nahm nur eins«. Ein Brevier. Übersetzt von Helga van Beuningen. Herausgegeben von Rüdiger Safranski. 190 Seiten. Gebunden

Der Laut seines Namens. Reisen durch die islamische Welt. Übersetzt von Helga van Beuningen und Rosemarie Still. st 3668. 230 Seiten

NF 228/3/1.14

Im Frühling der Tau. Östliche Reisen. Übersetzt von Helga van Beuningen. st 2773. 344 Seiten

Nootebooms Hotel. Übersetzt von Helga van Beuningen. Gebunden und st 3387. 528 Seiten

Die Insel, das Land. Geschichten über Spanien. Übersetzt von Helga van Beuningen. Mit Fotos. 120 Seiten. Gebunden und it 4024. 115 Seiten

Paris, Mai 1968. Übersetzt von Helga van Beuningen. Mit Fotos von Eddy Posthuma de Boer. es 2434. 96 Seiten

Selbstbildnis eines Anderen. Träume von der Insel und der Stadt von früher. Übersetzt von Helga van Beuningen. 73 Seiten. Gebunden

Der Umweg nach Santiago. Übersetzt von Helga van Beuningen. Mit Fotos von Simone Sassen. st 3860. 427 Seiten

Wie wird man Europäer? Übersetzt von Helga van Beuningen. es 1869. 92 Seiten

Mit Cees Nooteboom um die Welt

Auf der anderen Wange der Erde. Reisen in den Amerikas. Übersetzt von Helga van Beuningen und Andreas Ecke. Herausgegeben von Susanne Schaber. st 3995. 300 Seiten

Eine Karte so groß wie der Kontinent. Reisen in Europa. Übersetzt von Helga van Beuningen und Rosemarie Still. Herausgegeben von Susanne Schaber. st 3994. 291 Seiten

NF 228/4/1.14

Geflüster auf Seide gemalt. Reisen in Asien. Übersetzt von Helga van Beuningen. Herausgegeben von Susanne Schaber. st 3997. 288 Seiten

In der langsamsten Uhr der Welt. Reisen in Afrika. Übersetzt von Helga van Beuningen und Rosemarie Still. Herausgegeben von Susanne Schaber. st 3996. 242 Seiten

Leere umkreist von Land. Reisen in Australien. Aus dem Niederländischen von Helga van Beuningen. Herausgegeben von Susanne Schaber. st 3993. 179 Seiten

Schiffstagebuch – Ein Buch von fernen Reisen. Aus dem Niederländischen von Helga van Beuningen. Mit Fotos von Simone Sassen. Gebunden und st 4362. 283 Seiten

Venezianische Vignetten. Aus dem Niederländischen von Helga van Beuningen. Mit Fotografien von Simone Sassen. IB 1386. 119 Seiten

Gedichte

Gedichte. Ausgewählt, übersetzt und mit einem Nachwort von Ard Posthuma. 163 Seiten. Gebunden

Das Gesicht des Auges. Het gezicht van het oog. Zweisprachig. Übersetzt von Ard Posthuma. Gebunden und BS. 86 Seiten

Licht überall. Gedichte. Aus dem Niederländischen von Ard Posthuma. Gebunden. 106 Seiten

So könnte es sein. Zo kon het zijn. Zweisprachig. Übersetzt von Ard Posthuma. 128 Seiten. Gebunden

NF 228/5/1.14

Über Cees Nooteboom

Der Augenmensch Cees Nooteboom. Herausgegeben von Daan Cartens. st 2360. 300 Seiten

Heinz Peter Schwerfel. Hotel Nooteboom – Eine Bilderreise ins Land der Worte. Umfangreiches Booklet. 96 Minuten. fes 25

NF 228/6/1.14